こども六法

第2版

まえがき

　あなたは法律にどんなイメージがあるでしょう。法律は、大人も子どもも、日本に暮らす人、日本に旅行でやってきている人も含めて、すべての人が守るべきルールです。でも、法律はわたしたちにきゅうくつな思いをさせるためのものではありません。むしろ、わたしたちの自由で安心な生活を守るためのものです。

　もし、人に暴力をふるったり、物を奪い取ったりしても、何もペナルティがなかったらどうでしょう？　急になぐられたり、お財布を盗まれたりしたときに、誰も助けてくれない国では、安心して生活できませんよね。

　そうです。法律は、みんなの安心で安全な生活を守るために決められたルールなのです。

この本では、たくさんある法律の中で、子どもにも関係のある法律、知っておいたほうがよい法律をピックアップしました。ただ、法律は、ふだん聞きなれない難しい言葉で書かれています。そこで、その法律の文章を小学校高学年以上の人が読めるように、なるべくふだん使っている言葉に近づけました。

　この本の使い方はあなたの自由です。この本を書いたわたしとしては、すみずみまで読み込んでほしいところですが、おすすめの読み方は、まず10分くらいでパラパラと読み通すことです。そして「おもしろいな」と思った部分をじっくり読む。または手に取りやすい場所に置いておき、普段の生活で「これって法律的にはどうなんだろう？」と思ったときに辞書のように調べてみるのです。ぜひやってみてください。

　この本で身につけた知識は、いざというときに、きっとあなたのことを助けてくれることでしょう。

山崎聡一郎

もくじ

第1章　刑法　　　　　　　　　9

「これをやったら犯罪」のリスト
安全な生活を守るためのルールだよ！

第2章　刑事訴訟法　　　　　59

犯罪の捜査と裁判のためのルール
罪を犯したと疑われている人の権利も守るよ！

第3章　少年法　　　　　　　95

子どもが犯罪行為をしたときのルール
社会で生きていけるように教育を与えるよ！

第4章　民法　　　　　　　　115

みんなの「あたりまえ」を支えるルール
人と人の争いを解決する基準だよ！

凡例

○「六法」について

「六法」は通常、日本国憲法・刑法・民法・商法・刑事訴訟法・民事訴訟法の6つの法律を指します。「六法」と名前がつく本は、この6つの法律を基本に、関連した法律をまとめた、辞書のような本です。『こども六法』では、子どもとあまり関係のない商法の代わりに少年法、こども基本法、いじめ防止対策推進法を掲載しています。

○ 各法律について

法律が制定され、内容が知らされることを「公布」、その法律が実際に使われ始めることを「施行」といいます。

刑法 2023年11月時点で公布され、2025年6月に施行される予定の改正に基づいています。

刑事訴訟法 2023年11月時点で公布され、2025年6月に施行される予定の改正に基づいています。

少年法 2023年11月時点で公付され、2025年6月に施行される予定の改正に基づいています。

民法 2023年11月時点で公付され、施行された改正に基づいています。

民事訴訟法 2023年11月時点で公付され、2026年5月までに施行される予定の改正に基づいています。

日本国憲法 1946年11月3日公布、1947年5月3日施行

こども基本法 2022年6月22日公布、2023年4月1日施行

いじめ防止対策推進法 2013年6月28日公布、2013年9月28日施行

○ 条文の選択について

各法律の中から法律として重要な条文、子どもに関係の深い条文を選び、読んで理解できることを重視して訳しています。各条文のただし書き・項・号についても同様です。

○ 法律用語について

重要な法律用語には説明をつけた上で、そのまま使っています。

専門性の高い法律用語は、日常よく使う言葉で置き換えています。そのため、一部に完全な正確さよりもわかりやすさを優先した表現があります。

○ 条文の並べ方について

左ページにイラスト付きで説明している条文以外は、すべて番号順に並べています。

○ 条文タイトルについて

e-Gov（イーガブ、電子政府の総合窓口）または『ポケット六法』（令和6年版、有斐閣）の記載に基づいています。

○ 条文の正確な内容が知りたい方へ

e-Gov の法令検索を活用すると、無料で条文を調べることができます。

e-Gov

○ 子どもの権利に関する法律をもっと読みたい方へ

法律とは少し違うので本書では取り上げなかったものとして

子どもの権利条約（児童の権利に関する条約）

 子ども向け

青少年保護育成条例（お住まいの都道府県もしくは市町村に制定されています）

があります。ぜひ読んでみてください。

『こども六法』と『こども六法 第2版』のちがい

『こども六法』は2019年8月に出版されました。法律の本では、この最初のバージョンのことを初版といいます。

法律は、社会の状況や背景などが変わっていく中で、一緒に変わっていくものです。初版の内容やコンセプトをふまえて、法律の変化に合わせて修正を加えたのが第2版です。変更が加わるたびにこの数字が第3版・第4版…と増えていきます。

『こども六法 第2版』は、2023年の段階で法律が改正されて変わった部分を書き換えるとともに、新しく施行された「こども基本法」を加えました。

第2版まえがき

　『こども六法』出版から4年以上が経ち、その間にさまざまな法律が制定・改正されました。これまでも重版のたびに可能な限り最新の情報を読者に届けようと努めてきましたが、最初の『こども六法』から半分以上の法律が改正される見込みとなり、最新版の『こども六法』を作ることにしました。

　近年の大きな変化としては、まず民法上の成年年齢が18歳に引き下げられたことが挙げられます。また刑法では性犯罪の規定が大幅に見直されたほか、犯罪者の更生に向けた支援をより柔軟にする観点から「懲役刑」と「禁錮刑」を廃止し、代わりに「拘禁刑」という刑罰が導入されることが決まっています。

　子ども支援の観点からは「こども基本法」が制定され、「こども施策」を総合的に推進する「こども家庭庁」が新設されました。日本の子ども支援に向けた枠組みは、少しずつではあるものの、着実に進歩していると言えるでしょう。

　一方で、「いじめ・虐待」問題の解決はいまだ道半ばです。法律や制度による解決に向けた議論が進められている一方、いじめの隠蔽や被害の見逃し、大人によるいじめといった事例は残念ながら起き続けています。『こども六法』は大人に助けを求める上で有効なツールになりうるものだと信じていますが、それでもやはり子ども支援の本丸は、大人たち一人ひとりが目の前の子どもと正面から向き合えるかどうかにかかっているのです。

　このような社会の変化、子どもを取り巻く環境の変化を受け、「子どもが法律を楽しく学べるように」「適切な支援にアクセスできるように」というコンセプトを維持しながら、2023年11月時点の現行法・予定されている法改正を反映したのが『こども六法　第2版』です。最新の法律を知ることはもちろん、以前の『こども六法』と並べて読むことで法律の変化を学ぶことも、有意義な経験となるでしょう。この新しい『こども六法』が一人でも多くの子どもを守り、自由な社会へと羽ばたくきっかけとなることを願っています。

　　　2024年1月

　　　　　　　　　　　　　　　　　　　　　　　　　山崎聡一郎

第1章

刑法
<ruby>刑<rt>けい</rt>法<rt>ほう</rt></ruby>

刑法は「これをやったら犯罪」のリスト
安全な生活を守るためのルールだよ！

　人を殺す、ケガをさせる、人のものを盗む……そんなことをすれば警察につかまってしまうことを、わたしたちはニュースやドラマで見て、あたりまえだと思っています。

　でもそれは「刑法」という法律があるおかげなのです。

　刑法には、何をしたら犯罪になるか、そしてその犯罪に対する刑罰が書いてあります。「こんなことをしたら、こういう罰を受けますよ」というルールをまとめた法律が刑法です。

　刑法には、罪の重さによって罰金や拘禁刑、死刑といったペナルティが決められ、必ず従わせる強い力があります。罪を犯した人に罰を与えることで、それを見た人が「ルールを破ると罰を受けるから悪いことをするのはやめておこう」と考え、その結果、犯罪が減って暮らしやすい社会になるという効果が期待できるのです。

　けれど、死刑にすれば人の命を奪うほどの強い力をもつ刑法は、慎重に使わないと大変なことになります。何が犯罪なのか、どのくらいの罰を受けるのかが決まっていないと、いつも「これは犯罪になるかもしれない」と不安に思いながら生活することにもなります。そのため、刑法にはあらかじめ「この犯罪に対してはこの罰があてはまる」ということが細かく決められていて、それ以外の場合には、犯罪になったり、罰を受けたりすることはありません。これを罪刑法定主義といいます。

　自分は関係ないと思っていても、ある日突然、犯罪の被害にあったり、わざとではなくても他人に迷惑をかけてしまったりする危険は誰にでもあります。何が犯罪かを知っていることは、自分の身を守ることにもつながるのです。

刑法はやぶったら 国から罰を受けるルール

第1条　国内犯（こくないはん）

この法律（ほうりつ）は、日本国内（にほんこくない）で罪（つみ）を犯（おか）したすべての人（ひと）に適用（てきよう）します。

日本（にほん）に来（き）ている外国（がいこく）の人（ひと）も
日本（にほん）の法律（ほうりつ）を守（まも）らないといけないよ！

第6条 刑の変更

犯罪の後に法律が改正され、刑が変更された場合は、その軽い方を適用します。

第8条 他の法令の罪に対する適用

第1条から第72条の内容は、他の法律などで定められた罪についても適用します。

第9条 刑の種類

刑の種類は、死刑、拘禁刑、罰金、拘留、科料の5種類とします。これ以外に、没収を付け足すことがあります。

第10条 刑の軽重

1項　刑の重さは、重い方から第9条で書いた順とします。

「他の法律にも適用」って？

　刑法は「やってはいけないこと」を決めている法律の基本ですが、やってはいけないことを決めた法律は刑法以外にもたくさんあります。たとえば、身近な法律としては道路交通法があります。「信号を守りましょう」「車は道の左側を走りましょう」といったルールを破ると刑罰が与えられることもあるのですが、そのときは刑法第8条に書いてあるとおり、刑法第1条から第72条が同じように適用されるのです。

罰金は国に払うお金だよ

はい、罰金3万円！

ごめんなさい…

無断駐輪したら
罰金3万円！

国以外が罰を与えることはできないよ。迷惑をかけられた人が支払いを求めることができるお金は損害賠償金というんだ。

※無断駐輪はやめよう。民法で損害賠償を請求されることもあるよ。民法第709条を読んでみよう。

第15条　罰金

罰金は、1万円以上のお金を国に納めさせる刑罰です。

第17条　科料

科料は、千円以上1万円未満のお金を国に納めさせる刑罰です。

第11条 死刑

1項 死刑は、そのための施設で首を絞める方法で行います。

第12条 拘禁刑

1項 拘禁刑は、期間の決まっていない無期と、期間の決まっている有期とがあり、有期拘禁刑は1か月以上20年以下の間とします。

2項 拘禁刑は、刑務所に入れる刑罰です。

3項 拘禁刑が科せられた人には、罪を反省して再び社会で生きていくことができるようにするために、必要な作業をさせたり、必要な指導をしたりすることができます。

> 拘禁刑はこれまでの懲役刑と禁錮刑の代わりに行われる刑罰。2025年6月スタートの予定だよ！

第16条 拘留

1日以上30日未満の間で刑務所に入れる刑罰を拘留といいます。

第19条 没収

1項 次の物は没収することができます。

  1号 犯罪の要素になっている物

  2号 犯罪のために使った・使おうとした物

  3号 犯罪によって手に入れた物

  4号 3号の物を売るなどして手に入れた物

執行猶予はイエローカード？

はい、イエロー

や、てしまった...はんせい反省！

罪を犯す

第25条　刑の全部の執行猶予

1項　一定の条件を満たしている場合は、言い渡された刑の実行（執行）を延期（猶予）することがあります。（これを執行猶予とよびます。）

第25条の2　刑の全部の執行猶予中の保護観察

1項　執行猶予を受けている人は、その期間中、生活の指導や監督などを受けることがあります。

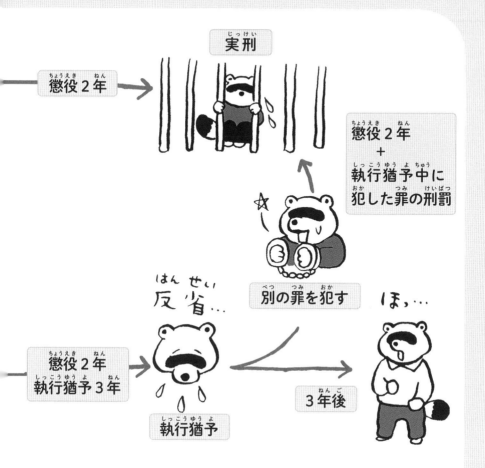

実刑

懲役2年 →

懲役2年
＋
執行猶予中に
犯した罪の刑罰

反省…

別の罪を犯す

ほ,…

懲役2年
執行猶予3年

執行猶予

3年後

第26条 刑の全部の執行猶予の必要的取消し

執行猶予中に罪を犯すなど、特定の場合には、言い渡された執行猶予が取り消されます。（刑が執行されます。）

第27条 刑の全部の執行猶予の猶予期間経過の効果

刑の執行猶予を取り消されることなく猶予の期間が終わったときは、刑はその効力を失います。

法律を知らないことは
言い訳にはできないよ！

おサイフ拾ったー！
ラッキー！
ジュースを買おう

えっ、知らなかった…

それは
遺失物横領罪
（刑法第254条）
だよ！

知らないは
言い訳にならないよ

第38条　故意

1項　わざと罪を犯したのではない場合は、罰しません。ただし、法律に特別な決まりが書いてある場合は除きます。
3項　法律を知らなかったからといって、犯罪を行うつもりはなかったと主張して、刑罰から逃れることはできません。

基本的に罪を犯そうという意思がなければ犯罪にはならないんだ。たとえば、ナイフで他人を刺した人が殺人罪（刑法第199条）になるかを考えるときは、相手を殺そうと思っていたかが重要なんだよ。

第35条　正当行為

法律に基づいて行われた行為や、正当に行われた行為は、罰しません。

第36条　正当防衛

１項　自分や他人の権利に対して今にも不正な攻撃が加えられようとしている場合に、その権利を守るために仕方なく行った行為は、罰しません。

第37条　緊急避難

１項　自分や他人のいのち、身体、自由、または財産に対する危険を避けるために、仕方なく行った行為は、それが原因で起こった被害がもともと避けようとした被害より大きくなかった場合には罰しません。ただし、その被害が避けようとした被害より大きくなってしまった場合は、その事情を考えて、刑を軽くしたり免除したりすることができます。

仕方なく人を傷つけたときも罰せられるの？

　第35条から第37条は、仕方なく他人や他人の物を傷つけてしまったときのことを決めています。あなたが狭い道を歩いていたとき、向かい側から猛スピードで車が走ってきたとします。「このままだとはねられてしまう！」と思ったあなたは、とっさに他人の家の植木を突き破って庭に逃げ込みました。あなたは助かった代わりに、他人の家の植木を壊してしまいました。このときあなたは罪に問われるのか？　ここで登場するのが第37条なのです。

14歳になるまでは
犯罪にならないの？

第41条 責任年齢

14歳に満たない人の行為に対しては、刑罰を与えません。

14歳未満の子どもには反省してやりなおしてもらうチャンスを与えるために、刑罰よりも教育を与えようとしているんだよ。詳しくは少年法を見てみよう。

第39条　心神喪失及び心神耗弱

1項　精神の障害によって自分の行動が良いことか悪いことか
を判断できない人、判断した通りに行動することができない人
（心神喪失者）の行為は、罰しません。

2項　精神の障害によって自分の行動が良いことか悪いことか
を判断する力や、判断した通りに行動する力があまりにも弱い
人（心神耗弱者）がした行為は、刑を軽くします。

①法律に書いてある、犯罪が成立する条件を満たしていること（構成要件該当性）、②法律で特別に許されると認められている場合に当てはまらないこと（第35～37条、違法性）、③自分の行動に責任を持つ能力があること（第38・39・41条、有責性）の3つの条件をすべて満たしたとき、初めて刑罰が与えられるんだよ。

第42条　自首等

1項　罪を犯した人が犯罪や犯人の発覚より前に自首したとき
は、その刑を軽くすることができます。

第43条　未遂減免

犯罪の実行にとりかかったけれども、それに失敗した（未遂と
いいます）人については、刑を軽くすることができます。ただ
し、自分の意思で犯罪を中止した場合は、刑を軽くするか、ま
たは免除します。

第44条　未遂罪

未遂を罰する場合は、そのたびに定めます。

二人で犯罪をしても
責任は半分にはならないよ

共同正犯、教唆、幇助

　第60条〜第62条に当てはまる人をそれぞれ「共同正犯」「教唆」「幇助」とよび、犯罪に複数の人がかかわった場合を広い意味でまとめて「共犯」とよびます。

　しかし、第60条では「一緒に犯罪を行った」人は正犯として扱うことが決められているので、狭い意味では教唆をした人と幇助をした人を指して「共犯」とよびます。

　上のイラストは共同正犯です。

第60条　共同正犯

二人以上で一緒に犯罪を行った場合は、全員その犯罪を行ったものとして、同様に扱います。

犯罪を行った本人のことを「正犯」というよ！

第61条　教唆

1項　人をそそのかして犯罪を行わせた人には、犯罪を実行した人と同じ刑を科します。

第62条　幇助

1項　犯罪を行う人を手助けした人は、「従犯」といいます。

第63条　従犯減軽

従犯の人に与える刑は、正犯の人に与えられる刑を軽くしたものを基準に考えます。

第66条　酌量減軽

犯罪を行った際の状況や、犯人の境遇などで考慮すべき事情があった場合は、そのさまざまな事情を考慮して、刑を軽くすることができます。

警察や先生の仕事を邪魔してはいけないよ

今のうちに逃げろー！

第95条　公務執行妨害及び職務強要

1項　公務員（国などの仕事をしている人）の仕事を邪魔するために暴力を振るったり、脅迫をしたりした人は、3年以下の拘禁刑または50万円以下の罰金とします。

第92条　外国国章損壊等

1項　外国を馬鹿にしたり、名誉を傷つけたりする（侮辱する）目的で、その国の国旗やその他のシンボルを壊したり、汚したりした人は、2年以下の拘禁刑か20万円以下の罰金とします。

第97条　逃走

法律にもとづいて閉じこめられている人が逃げたときは、3年以下の拘禁刑とします。

第100条　逃走援助

1項　法律にもとづいて閉じ込められている人を逃がすために道具を与え、またはその他の方法で逃げやすい状況にするようなことをした人は、3年以下の拘禁刑とします。

第103条　犯人蔵匿等

犯人をかくまったり隠したりした人は、3年以下の拘禁刑または30万円以下の罰金とします。

第104条　証拠隠滅等

他人の刑事事件に関する証拠を隠したり、なくしたり、作り変えたり、偽物の証拠を作り出したりした人は、3年以下の拘禁刑または30万円以下の罰金とします。

刑法などに違反して裁判になる事件を刑事事件というよ！

第108条　現住建造物等放火

人が住んでいる家や、人のいる建物、電車、船などに放火をした人は、死刑か無期または5年以上の拘禁刑とします。

第109条　非現住建造物等放火

1項　人が住んでいなくて誰もいない建物、船などに放火をした人は、2年以上の有期拘禁刑とします。

2項　放火した建物や船などが自分のものだった場合は、6か月以上7年以下の拘禁刑とします。ただし、周囲の人や物などに危険を与えなかった場合は罰しません。

第110条　建造物等以外放火

1項　第108条・第109条で定めたもの以外のものに放火をし、周囲の人や物などに危険を与えた人は、1年以上10年以下の拘禁刑とします。

第114条　消火妨害

火災が発生したときに、消火に使う道具を隠す・壊す、またはその他の方法で消火を邪魔した人は、1年以上10年以下の拘禁刑とします。

第116条 失火

1項 不注意によって火災を起こしてしまい、人が住んでいる家や、人のいる建物、電車、船、人が住んでいなくて誰もいない建物、船などを燃やしてしまった人は、50万円以下の罰金とします。

2項 自分の所有する建物や、それ以外の物を燃やしてしまい、それによって周囲の人や物などに危険を与えた場合も、同じ刑とします。

法律は国によって違う？

放火をはじめとする火災に関係する犯罪に対しては、日本では罰則が重いと言われています。これは日本の住宅は木造が基本で、江戸時代には多くの命が失われた大火災が3回もあったなど、火災と密接な関係を持つ歴史があるからです。

法律はこのようにそれぞれの国の歴史や文化を色濃く反映します。たとえば中国の場合、麻薬を作ったり売ったり、運んだりすると、最も重い刑罰は死刑です。これはかつて中国が清という国家だった時代に、アヘンという麻薬の一種のやり取りと流行によって、国を亡ぼすほど大変な経験をした反省なのです。

危険をまねくいたずらは重い犯罪になるよ

第125条 往来危険

1項　鉄道やその標識を壊すなどして、汽車・電車の運行に危険を与えた人は、2年以上の有期拘禁刑とします。

線路に石を置くなど電車が脱線する危険があるような行為は重い犯罪になるよ。それで人を死なせてしまった場合は、第126条で死刑になる可能性もあるんだ。

第124条 往来妨害及び同致死傷

1項　道路や橋などを壊したり、通れなくしたりして通行を邪魔した人は、2年以下の拘禁刑か20万円以下の罰金とします。

第126条 汽車転覆等及び同致死

1項　人が乗っている汽車・電車を転覆させたり、壊したりした人は、無期または3年以上の拘禁刑とします。

2項　人が乗っている船を転覆させたり、沈没させたり、壊したりした人も同じ刑とします。

3項　これらの行為によって人を死なせた人は、死刑または無期拘禁刑とします。

第127条 往来危険による汽車転覆等

第125条の罪を犯したことで汽車・電車が転覆したり壊れたり、または船が転覆したり沈没したり、壊れたりした場合、第126条と同じ刑とします。

第129条 過失往来危険

1項　不注意によって汽車・電車や船の運行に危険を与え、または転覆させたり沈没させたり壊したりした人は、30万円以下の罰金とします。

お金のコピーは犯罪！

第148条
通貨偽造及び行使等

1項　実際に使うために偽物のお金を作った人は、無期または3年以上の拘禁刑とします。

第150条
偽造通貨等収得

実際に使うために偽物のお金を入手した人は、3年以下の拘禁刑とします。

第130条　住居侵入等
じゅうきょしんにゅうとう

勝手に他人の家や他人が管理する建物などに入り、または出ていくように頼まれたのに応じなかった人は、3年以下の拘禁刑または10万円以下の罰金とします。

第133条　信書開封
しんしょかいふう

封をしてある他人の手紙を勝手に読んだ人は、1年以下の拘禁刑または20万円以下の罰金とします。

第147条　水道損壊及び閉塞
すいどうそんかいおよ　へいそく

みんなが水を飲むための水道を壊したり塞いだりして使えなくした人は、1年以上10年以下の拘禁刑とします。

第159条　私文書偽造等
しぶんしょぎぞうとう

1項　実際に使うために、他人の印鑑やサインを使って権利や義務、事実の証明に関する文書や図、絵などの偽物を作った人は、3か月以上5年以下の拘禁刑とします。

第168条の2　不正指令電磁的記録作成等
ふせいしれいでんじてききろくさくせいとう

1項　他人のコンピュータで何らかのプログラムを実行するために、コンピュータウィルスなどを作ったり送り込んだりした人は、3年以下の拘禁刑または50万円以下の罰金とします。

裁判でうそをついては いけないよ

第169条 偽証

裁判で「私は本当のことしか言いません」と誓ったうえで 行った証言で嘘をついた人は、3か月以上10年以下の 拘禁刑とします。

裁判では嘘をついてはいけないけれど、言いたくないことは 言わなくてもいいよ。刑事訴訟法第311条を見てみよう。

第170条 自白による刑の減免

第169条の罪を犯した人が、証言をした事件の裁判などが終わる前に嘘をついたことを自白した場合は、その刑を軽くしたり、免除したりすることができます。

第172条 虚偽告訴等

他人に罰を与える目的で、国に対して嘘の犯罪を報告した人は、3か月以上10年以下の拘禁刑とします。

第173条 自白による刑の減免

第172条の罪を犯した人が、裁判が終わる前に自白した場合は、その刑を軽くしたり、免除したりすることができます。

疑わしきは被告人の利益に

　この言葉は、刑事裁判の大原則の1つです。「この人怪しいな」とみんなが思っても、「確実にこの人だ」と言い切れるだけの証拠が揃わなければ有罪にすることはできません。

　なぜなら、国が人に刑罰を与えることは、「その人の人権を国が制限する」ことになるからです。人々を守るべき国が、何もしていない人に罰を与えてしまえば、「次は自分が捕まって罰を与えられるかもしれない」と不安に思いながら生活しなければいけなくなります。そこで、刑事裁判が正しく行われるように、この刑法と、次の章で紹介する刑事訴訟法という法律で、何が犯罪か、どうやって刑罰を与えるかが細かく決まっているのです。

下着で隠している部分はみんなに見せてはいけないよ

第174条　公然わいせつ

みんなの前でわいせつな行為（みだらでいやらしい行為、人の見たくない物を見せびらかす行為）をした人は、6か月以下の拘禁刑、30万円以下の罰金、拘留、科料のどれかの刑とします。

第175条　わいせつ物頒布等

1項　わいせつな本やプリント、絵や写真、データなどを配ったり、誰でも見られるような場所に置いたりした人は、2年以下の拘禁刑か250万円以下の罰金・科料、またはその両方を科します。このような行為をインターネットを通じて行った人も、同じ刑とします。

プライベートゾーンを大切にしよう

　私たちの体のうち、「水着を着たときに隠れる部分」と「口」を「プライベートゾーン」と呼ぶことがあります。ここは、体の中でもとても大切な部分で、むやみに人に見せたり触らせたりしてはいけません。

くち
口

みずぎ
水着で
隠れるところ

　もし、大切な部分を見たがったり触ろうとしたりする人がいたときには、はっきり「イヤだ」と言って周囲の人に助けを求めてください。自分の体をむやみに他人に見せないこと、他人の体を気軽に見たり触ったりしないことは、自分の身を守る上でも、他人を尊重する上でも重要なことなのです。

　刑法では、水着を着たときに隠れる部分をみんなの前で見せたり、むりやり触ったりすることを禁止しています。また「児童ポルノ法」などの法律もつくり、犯罪にあたる行為を細かく規制しています。

むりやりわいせつなことをするのは絶対ダメ！

第176条 不同意わいせつ

1項　次の行為や理由によって、同意しないことを決めたり、伝えたり、その同意しないという意思を実現したりすることが難しい状態にさせ、または相手がそのような状態であることを利用して、わいせつな行為をした人は、その相手と結婚しているかどうかに関係なく、6か月以上10年以下の拘禁刑とします。

1号　暴行や脅迫をすること、またはそれらを受けたこと。

2号　心や体に問題を起こさせること、またはそれがあること。

3号　お酒や薬物を飲ませること、またはそれらの影響があること。

4号　睡眠中など、意識が明らかでない状態にさせること、またはその状態にあること。

5号　同意しないことを決めたり、伝えたり、その同意しないという意思を実現したりする時間がないこと。

6号　予想外の事態に直面させて恐怖を与えたり、驚かせたりすること、またはその状態にあること。

7号　虐待によるトラウマを生じさせること、またはそれがあること。

8号　相手が経済的・社会的な関係における地位・立場上持っている影響力によって受ける不利益を心配させること、またはそれを心配していること。

> たとえば、バイト先の店長が「裸の写真を送らないとクビにする」と脅したら経済的な関係、先生が「体を触らせないと成績を下げる」と脅したら社会的な関係における地位を使っていることになるよ！

2項　行為がわいせつなものではないと信じ込ませたり、行為をする相手について人違いをさせたり、またはそういった勘違いをしていることを利用して、わいせつな行為をした人も、1項と同じとします。

3項　13歳以上16歳未満の人に対してわいせつな行為をした人は、相手との年齢差が5年以上の場合、1項と同じとします。13歳未満の人に対してわいせつな行為をした人は、相手との年齢差に関係なく1項と同じとします。

第177条　不同意性交等

1項　第176条1項の各号に挙げた行為や理由などによって、同意しないことを決めたり、伝えたり、その同意しないという意思を実現したりすることが難しい状態にさせ、または相手がそのような状態であることを利用して、性的な関係を持ったり、パンツで隠している部分に体の一部や物を押し入れる行為でわいせつなこと（性交等）をした人は、相手と結婚しているかどうかに関係なく、5年以上の有期拘禁刑とします。

2項　行為がわいせつなものではないと信じ込ませたり、行為をする相手について人違いをさせたり、またはそういった勘違いをしていることを利用して、性交等をした人も、1項と同じとします。

3項　13歳以上16歳未満の人に対して性交等をした人は、相手との年齢差が5年以上の場合、1項と同じとします。13歳未満の人に対して性交等をした人は、相手との年齢差に関係なく1項と同じとします。

第179条 監護者わいせつ及び監護者性交等

1項　18歳未満の人に対し、その人を守り、育てる義務のある「監護者」としての影響力を利用してわいせつな行為をした人は、第176条1項の罪とします。

2項　その影響力を利用して性交等をした人は、第177条1項と同じ罪とします。

> 性犯罪は「魂の殺人」と言われるくらい、深く相手を傷つける犯罪なんだ。
> 相手が嫌がっているのにむりやりわいせつなことをするのは絶対に許されないことだ！

「イヤだと言わない＝同意」ではない

　「強制わいせつ」「強制性交等」という名前だった犯罪が、2023年の刑法改正で「不同意わいせつ」「不同意性交等」に変わりました。同意のない性交等やわいせつ行為があったときは、より広く法律で守られるようになったのです。

　実際にこういった被害にあうと、誰もが驚いたり恐怖を感じたりし、「イヤだ」と言うことが難しくなります。暴力や脅迫がなくても、知らない人に突然、体を触られれば驚きますし、信頼していた人や自分より強い立場の人がいきなり性的な行為をしてきたら、断りにくいと感じるのは当然です。

　以前は犯罪が成立するための条件が狭く、助けられない被害者が多くいましたが、改正によって被害が認められやすくなりました。「イヤだと言えなかったから仕方ない」とあきらめる必要はないのです。

性的なことは「イヤだ」と断っていい

第182条 十六歳未満の者に対する面会要求等

1項　わいせつの目的で、16歳未満の人に対して、次に挙げるどれかの行為をした人は、1年以下の拘禁刑または50万円以下の罰金とします。13歳以上16歳未満の人に対してのときは、相手との年齢差が5年以上の場合に限ります。

　1号　無理やり迫ったり、だましたり、または誘惑して会いたいと求めること。

２号　断られたにもかかわらず、会うことを何度も求めること。

３号　お金などの利益を与え、またはその申し込みや約束をして会いたいと求めること。

２項　１項の罪を犯し、わいせつの目的で 16 歳未満の人と会った人は、２年以下の拘禁刑または 100 万円以下の罰金とします。

３項　16 歳未満の人に対して、次に挙げる行為をどれか１つでも要求した人は、１年以下の拘禁刑または 50 万円以下の罰金とします。13 歳以上 16 歳未満の人に対してのときは、相手との年齢差が５年以上の場合に限ります。

１号　性交等をする姿を撮影して、その映像を送ること。

２号　１号に挙げるもののほか、下着で隠している部分に体の一部や物を押し入れる行為でわいせつなことをしている姿、性的な体の部分を触ったり触られたりする姿、性的な部分を露出した姿などを撮影して、その映像を送ること。

第183条　淫行勧誘

お金儲けのために女子を誘い、性的な関係を持たせた人は、3 年以下の拘禁刑または 30 万円以下の罰金とします。

第184条　重婚

結婚している人が別の人と結婚したときは、２年以下の拘禁刑とします。結婚した相手も同じ刑とします。

ワイロはあげても もらってもダメ！

第197条 収賄、受託収賄及び事前収賄

1項　公務員が、仕事に関連して、賄賂を受け取ったり、求めたり、約束したりしたときは、5年以下の拘禁刑とします。この場合、賄賂の見返りとして仕事を引き受けていた場合は、7年以下の拘禁刑とします。

第185条　賭博（とばく）

お金（かね）や物（もの）を賭（か）けてゲームなどをした人（ひと）は、

50万円以下（まんえんいか）の罰金（ばっきん）か科料（かりょう）とします。ただし、

その場（ば）だけで楽（たの）しむような物（もの）を賭（か）けた場合（ばあい）に

ついては、例外（れいがい）とします。

> 宝（たから）くじ、競輪（けいりん）、競馬（けいば）、競艇（きょうてい）、オートレースは、法律（ほうりつ）で
> 特別（とくべつ）に認（みと）められたギャンブルで、国（くに）や地方（ちほう）の資金（しきん）とし
> てみんなの生活（せいかつ）に役立（やくだ）てられることもあるんだよ。

第188条　礼拝所不敬及び説教等妨害（れいはいじょふけいおよ せっきょうとうぼうがい）

1項（こう）　神社（じんじゃ）やお寺（てら）、お墓（はか）などの、他（ほか）の人（ひと）たちに見（み）られる場所（ばしょ）で

神様（かみさま）や仏様（ほとけさま）などに失礼（しつれい）な行為（こうい）をした人（ひと）は、6か月以下（げついか）の拘禁（こうきん）

刑（けい）または10万円以下（まんえんいか）の罰金（ばっきん）とします。

2項（こう）　説教（せっきょう）や礼拝（れいはい）、葬式（そうしき）といった儀式（ぎしき）や行事（ぎょうじ）を邪魔（じゃま）した人（ひと）は、

1年以下（ねんいか）の拘禁刑（こうきんけい）または10万円以下（まんえんいか）の罰金（ばっきん）とします。

第198条　贈賄（ぞうわい）

第197条（だいじょう）から第197条（だいじょう）の4までに定（さだ）めた、賄賂（わいろ）を贈（おく）る、また

は賄賂（わいろ）を贈（おく）ることを提案（ていあん）したり約束（やくそく）したりした人（ひと）は、3年以下（ねんいか）の

拘禁刑（こうきんけい）または250万円以下（まんえんいか）の罰金（ばっきん）とします。

※第197条（だいじょう）の2から4は『こども六法（ろっぽう）』では省略（しょうりゃく）しています。

気軽に「死ね」って言ってない？

第202条 自殺関与及び同意殺人

人に死ぬことをすすめたり、手伝ったりして自殺させた人、または本人に頼まれたり、殺してもいいと同意を得たりして殺した人は、6か月以上7年以下の拘禁刑とします。

第199条 殺人

人を殺した人は、死刑または無期か5年以上の拘禁刑とします。

第204条 傷害

人の体を傷つけた人は、15年以下の拘禁刑か50万円以下の罰金とします。

> 直接ぶったり、けったりしなくても、悪口などで相手が体調をくずすほどのストレスを与えた場合もあてはまるよ。

第205条 傷害致死

人にケガをさせ、それが原因で死なせた人は、3年以上の有期拘禁刑とします。

子どもを守るための学校と警察の連携

　子どもの心や体、財産に重大な被害が起きている、またはその疑いがあるいじめは、学校と警察が協力して対応しなければいけません（いじめ防止対策推進法第23条6項）。これは、2023年2月に出された文部科学省の通知でも改めて強調されています※。この通知では警察への相談・通報について、「迷うような事例もすぐに相談する」、「実施した学校は、適切な対応をしていると評価される」、「保護者にも警察と連携する可能性があることを普段から知らせておく」とされています。

※いじめ問題への的確な対応に向けた警察との連携等の徹底について

ケガをさせなくても暴行になるよ

第208条 暴行

人に乱暴な行いをしたけれども、相手にケガをさせなかった場合は、2年以下の拘禁刑または30万円以下の罰金か拘留、科料とします。

当たらないように石を投げつけたり、水をかけたりすることも暴行だよ。

第206条　現場助勢

第204条・第205条の犯罪が行われている現場で、はやし立てたり応援したりした人は、自分が人にケガをさせなくても、1年以下の拘禁刑または10万円以下の罰金か科料とします。

第207条　同時傷害の特例

二人以上で乱暴な行いをして人にケガをさせた場合で、誰がどのくらいのケガをさせたのかがわからないときは、その人たちがお互いに協力していなかったとしても、共犯と同じように扱います。

第209条　過失傷害

1項　不注意で誰かにケガをさせてしまった人は、30万円以下の罰金か科料とします。

第210条　過失致死

不注意で誰かを死なせてしまった人は、50万円以下の罰金とします。

第211条　業務上過失致死傷等

業務中の不注意が原因で誰かを死なせてしまったり、ケガをさせてしまったりした人は、5年以下の拘禁刑または100万円以下の罰金とします。仕事以外での重大な不注意が原因で誰かを死なせたり、ケガをさせてしまった人も同じ罪とします。

子どもは生きるための世話をしてもらう権利がある

第218条
保護責任者遺棄等

お年寄り、小さな子ども、障がいをもっている人、病人などの世話をする責任のある人が、その人たちを誰も助けてくれない場所に連れていって見捨てたり、生きるのに必要な世話をしなかったりしたときは、3か月以上5年以下の拘禁刑とします。

子どもが生活に必要な世話をしてもらう権利は、「子どもの権利条約」でも認められている世界の約束だよ。興味があったら図書館やインターネットなどで調べてみよう！

第212条　堕胎（だたい）

妊娠中（にんしんちゅう）の女子（じょし）が薬（くすり）やその他の方法（ほうほう）により、お腹（なか）の中（なか）の子（こ）どもを出産（しゅっさん）の時期（じき）よりも早（はや）くお腹（なか）の外（そと）に出（だ）した場合（ばあい）は、1年以下（ねんいか）の拘禁刑（こうきんけい）とします。

妊娠中絶（にんしんちゅうぜつ）については、母体保護法（ぼたいほごほう）という法律（ほうりつ）で詳（くわ）しく決（き）められているよ。特別（とくべつ）な資格（しかく）を持（も）ったお医者（いしゃ）さんは妊娠中絶（にんしんちゅうぜつ）ができるんだ。一人（ひとり）で悩（なや）まないで相談（そうだん）してみて！

第217条　遺棄（いき）

お年寄（としよ）り、小（ちい）さな子（こ）ども、障（しょう）がいをもっている人（ひと）、病人（びょうにん）など、助（たす）けが必要（ひつよう）な人（ひと）を、誰（だれ）も助（たす）けてくれない場所（ばしょ）に連（つ）れていって見捨（みす）てた人（ひと）は、1年以下（ねんいか）の拘禁刑（こうきんけい）とします。

第219条　遺棄等致死傷（いきとうちししょう）

第217条（だいじょう）・第218条（だいじょう）の罪（つみ）を犯（おか）して、人（ひと）を死（し）なせたりケガをさせたりした人（ひと）は、傷害（しょうがい）の罪（つみ）と比（くら）べて重（おも）い方（ほう）の刑罰（けいばつ）を科（か）します。

傷害罪（しょうがいざい）（第204条（だいじょう））などはやってはいけないことをする犯罪（はんざい）だけど、保護責任者遺棄罪（ほごせきにんしゃいきざい）（第218条（だいじょう））のように、やらなきゃいけないことをやらなかったという犯罪（はんざい）もあるんだね！

おどして何かをさせたらダメ！

オマエのゲームかさないと
テストの点数をバラすぞ

えっ

第223条 強要

1項　いのち、体、自由、名誉、財産などに害を与えると言って、または暴力を使って、誰かにむりやりなにかをやらせたり、その人がやろうとしていることの邪魔をしたりした人は、3年以下の拘禁刑とします。

2項　家族や親せきに対して害を与えると言って脅した人も、同じ罪とします。

第220条 逮捕及び監禁

勝手に人を捕まえたり、どこかに閉じ込めたりした人は、3か月以上7年以下の拘禁刑とします。

逮捕って犯罪なの？

そうなんだ。人を捕まえるのは特別なとき以外は認められないんだよ。詳しくは刑事訴訟法の逮捕の要件、たとえば第199条を見てみよう！

第221条 逮捕等致死傷

第220条の罪を犯し、その上で人を死なせたり、ケガをさせたりした人は、傷害の罪と比べて重い方の刑罰を科します。

第222条 脅迫

1項　いのち、体、自由、名誉、財産などに害を与えると言って誰かを脅した人は、2年以下の拘禁刑または30万円以下の罰金とします。
2項　家族や親せきに対して害を与えると言って脅した人も、同じ罪とします。

第224条 未成年者略取及び誘拐

未成年の人をむりやり連れ去ったり、だまして誘拐したりした人は、3か月以上7年以下の拘禁刑とします。

その一言が罪になる！

第231条　侮辱

多くの人たちの前で人を馬鹿にしたり悪口を言ったりした人は、1年以下の拘禁刑か、30万円以下の罰金または拘留か科料とします。

バカ、アホなどのあいまいな言葉でも罪になることもあるんだよ。

第230条 名誉毀損

1項　誰かの名誉を傷つけて評判を落とすようなことを、多くの人たちに知らせた人は、それが事実かどうかに関係なく、3年以下の拘禁刑または50万円以下の罰金とします。

第232条 親告罪

1項　第230条と第231条の罪は、被害者から国に対して、加害者を処罰するよう求めがなければ、検察官は裁判を起こすことができません。

刑事訴訟法第247条を見てみよう！

第233条 信用毀損及び業務妨害

嘘の評判を広めたり、人を騙したりして、誰かの信用を失わせ、または仕事の邪魔をした人は、3年以下の拘禁刑または50万円以下の罰金とします。

親告罪って何？

　「犯罪」と聞くと、おまわりさんがその場で悪いことをしている人を捕まえて連れて行くイメージがありますが、中には被害者が訴えなければ検察官が裁判を起こせないものがあります。名誉毀損罪や侮辱罪はその1つで、こうした犯罪のことを親告罪といいます。本人が訴えるには告訴状という書類を検察庁か警察署に提出する必要があります。一人で書類を作るのは大変なので、弁護士や行政書士などに相談するのがいいでしょう。

その電気は誰のもの？

第245条 電気

電気は、物として扱います。

最近はコンセントが自由に使えるカフェも増えてきたけど、基本的にはお店や他人の電気を勝手に使うと窃盗罪（第235条）になるんだ。

第235条 窃盗

他人の持ち物を盗んだ人は窃盗の罪とし、10年以下の拘禁刑または50万円以下の罰金とします。

第236条 強盗

1項　暴力をふるったり相手を脅したりして、むりやり他人の持ち物を奪った人は、強盗の罪として、5年以上の有期拘禁刑とします。

第238条 事後強盗

窃盗をした人が、盗んだものを取り返されないため、逮捕されないため、または犯罪の証拠を隠すために、暴力をふるったり人を脅したりした場合は、強盗として扱います。

第240条 強盗致死傷

強盗が人にケガをさせたときは、無期か6年以上の拘禁刑とし、死なせてしまった場合は、死刑または無期拘禁刑とします。

第246条 詐欺

1項　人を騙して物を手に入れた人は、10年以下の拘禁刑とします。

第249条 恐喝

1項　人を脅して物を手に入れた人は、10年以下の拘禁刑とします。

盗まれたものは もらっちゃダメ！

これ盗んだやつだけどあげるよ

盗んだものはいりません

第256条 盗品譲受け等

1項 盗まれた物を譲られ、それが盗まれた物であると知っていてタダで受け取った人は、3年以下の拘禁刑とします。

2項 他の人が盗んだ物を、それが盗まれた物と知りながら運んだり、保管したり、またはお金を払って受け取ったり、他の人を紹介して売ってあげたりした人は、10年以下の拘禁刑と50万円以下の罰金の両方とします。

第252条 横領（おうりょう）

1項　他人から借りたり預かったりしたものを返さず、勝手に自分のものにした人は、5年以下の拘禁刑とします。

第254条 遺失物等横領（いしつぶつとうおうりょう）

落とし物など、持ち主がわからない誰かの物を勝手に自分のものにした人は、1年以下の拘禁刑または10万円以下の罰金か科料とします。

第260条 建造物等損壊及び同致死傷（けんぞうぶつとうそんかいおよどうちししょう）

他人の建物や船などの一部または全部を壊した人は、5年以下の拘禁刑とします。それが原因で誰かにケガをさせたり死なせたりした人には、傷害の罪と比べて重い方の刑罰を科します。

第261条 器物損壊等（きぶつそんかいとう）

他人の持ち物を壊したり、傷をつけたり、使えなくしたりした人は、3年以下の拘禁刑または30万円以下の罰金か科料とします。

第263条 信書隠匿（しんしょいんとく）

他人の手紙を隠した人は、6か月以下の拘禁刑または10万円以下の罰金か科料とします。

無期拘禁刑っていつまで？

　日本では一番重い刑罰は死刑ですが、海外では死刑が廃止されている国も多く、そういった国では終身刑という、死ぬまで刑務所に入れておく刑罰が最も重い刑罰になります。日本には終身刑の代わりに無期拘禁刑という刑罰があり、ニュースでもたまに耳にすることがあります。無期拘禁刑はその名の通り、期間を決めずに拘禁刑を行う刑罰です。死ぬまで刑務所の中ということももちろんありますし、事件のことを反省して真面目に過ごしていると、仮釈放といって、刑務所から出してもらうことができる場合もあります。法律では10年以上経てば仮釈放できると決められていますが、多くの場合20年以上は仮釈放が認められないのが実態です。

第2章

刑事訴訟法

刑事訴訟法は犯罪の捜査と裁判のためのルール
罪を犯したと疑われている人の権利も守るよ！

　犯罪が起きて犯人が逮捕され、取調べを受け、裁判を受けて判決が出る、という場面はニュースやドラマでよく見ますよね。刑事訴訟法にはそのやり方が細かく決められています。

　刑事訴訟法の目的は、国民の基本的人権を守りながら、証拠により真実を発見して、本当に犯罪をした人だけに刑罰を与えることです。

　被害者が警察に犯罪の被害を届け出ると、①捜査（本当に犯罪があったのか、犯人はどこの誰なのかを調べて証拠を集め、犯人と疑われる人（被疑者）を逮捕したりする）⇒②起訴（検察官が裁判所に、被疑者を裁判にかけるよう求める）⇒③公判手続（法廷で検察官が証拠を提出して犯罪事実を証明し、起訴された人（被告人）やその弁護人も反論して、裁判官や裁判員が公平な立場で考える）⇒④判決（起訴された被告人が犯罪をしたと認められる（有罪）か、認められない（無罪）か、認められる場合にはどんな刑罰を与えるかを、裁判所が理由とともに述べる）という順番で罪が裁かれます。その手続きは刑事訴訟法に書かれたとおりにしなければいけません。

　刑罰の目的は、犯罪を防ぎ、犯罪によって権利を奪われる被害者が出ないようにすることです。しかし、刑罰を与えるということは、国が強制的に個人の権利を侵害することなので、どんなに慎重に決めても慎重すぎることはありません。なにもしていないのに間違って犯人とされて無実の人が罰を受けることがあれば、それは最悪の悲劇です。刑事訴訟法はそんな悲劇を避けるための法律なのです。

裁判では味方になってくれる 弁護人を頼めるよ

ペンギンさんは無罪です！

| 第30条 | 弁護人選任の時期、選任権者 |

1項　被告人や被疑者は、いつでも、自分の利益を守ってくれる弁護人を頼むことができます。

| 第31条 | 資格、特別弁護人 |

1項　弁護人は、弁護士の中から選ばないといけません。

第1条　この法律の目的

この法律の目的は、刑事事件（犯罪）について、社会のみんなの共通の利益と、一人ひとりが持つ人としての権利をともに守りながら、事件の真実がどのようなものだったのかを明らかにし、刑罰を決めた法を正しく、すみやかに事件に適用し、刑罰を実現することです。

社会みんなの共通の利益のことを「公共の福祉」、一人ひとりが持つ人としての権利を「基本的人権」というんだよ！

第31条の2　弁護人選任の申出

１項　弁護人を頼もうとする被告人や被疑者は、弁護士会にそのことを申し出ることができます。
２項　弁護士会は、その申し出を受けた場合は、すみやかに、弁護人になろうとする人を、被告人や被疑者に紹介しないといけません。

弁護士さんは全国に４万人いて、全員が都道府県ごとの弁護士会に入っているよ。いちばん弁護士の数が多い東京には、３つの弁護士会があるんだよ。

第36条　被告人の国選弁護

被告人が、お金がないなどの理由で、自分で弁護人を頼めないときは、裁判所は、被告人の求めにより、被告人のために弁護人をつけないといけません。

もし、刑事訴訟法がなかったら…

被告人と被告はどう違うの？

　裁判で訴えられた人のことを刑事裁判では「被告人」、民事裁判では「被告」と呼びます。テレビや新聞などでは、被告人のことを「〇〇被告」と呼ぶこともあるのでややこしいですよね。「容疑者」も法律で決まっている呼び方ではなく、法律では「被疑者」と呼びます。

第37条　職権による選任

次のどれかにあてはまる場合で、被告人に弁護人がいないときは、

裁判所は、被告人が求めていなくても、弁護人をつけることができます。

1号　被告人が未成年者であるとき。

2号　被告人が70歳以上のとき。

3号　被告人が耳の聞こえない人、または言葉を話せない人であるとき。

4号　被告人が、心の病気などのために、やっていいことと悪いこと

を区別できない、行動を自分でコントロールできない、または、それ

がとても難しい状態かもしれないと考えられるとき。

5号　その他、必要と考えられるとき。

第39条　被告人・被疑者との接見交通

1項　逮捕・勾留されたりして、自由に

行動できない状態の被告人や被疑者は、

弁護人や、これから弁護人になろうとする

人と、ほかに誰もいない部屋で面会して話

をしたり、施設の人を通じて書類や物のや

りとりをしたりすることができます。

逮捕は第199条、勾留は第60条を見てみよう！
犯罪をしたのではないかと疑われている人は「被疑者」、
被疑者が起訴されると「被告人」と呼ばれるようになるよ！

第43条　判決、決定・命令

1項　判決は、特別な決まりがある場合を除いて、裁判所で事件に関係する本人が自分の言い分を主張したり、証拠を提出して証明したりする場を設けた上で、その内容にもとづいて行わないといけません。

2項　決定と命令は、そのような手順にもとづく必要はありません。

第44条　裁判の理由

1項　裁判（判決など）は、結論だけを示すのではなく、理由をつけなければいけません。

> 判決では、どんな証拠を判断に使ったのか、法律をどう適用するのか、なぜ被告人にその刑罰を科すのか、などを示さないといけないんだ！

第60条　勾留の理由、期間・期間の更新

1項　裁判所は、被告人に、ある具体的な犯罪を行ったという疑いがあって、その疑いに納得できる理由があり、かつ、次のどれか1つでもあてはまる場合は、被告人を勾留することができます。

　1号　被告人が決まった住所に住んでいないとき。

　2号　被告人が証拠を隠したり、嘘の証拠を作ったりすると疑われる納得できる理由があるとき。

　3号　被告人が逃げたとき、または逃げると疑われる納得できる理由があるとき。

> 勾留は、被告人が逃げたり、証拠を隠したり嘘の証拠を作ったりしないように、一時的に施設に入れて自由を制限することだよ！　これは刑罰ではないんだ。

第61条 勾留と被告事件の告知

被告人の勾留は、被告人に対して、起訴された犯罪事実（被告事件）を伝え、それについて被告人の言い分を聞いた後でないとできません。

第62条 令状

被告人を勾留するには、勾留状が必要です。

第77条 勾留と弁護人選任権等の告知

1項　被告人を勾留するときは、被告人に対し、弁護人を頼むことができること、お金がないなどの理由で弁護人を頼むことができないときは、弁護人をつけるよう裁判所に請求できることを伝えなければいけません。ただし、すでに弁護人がついているときは不要です。

2項　被告人に弁護人を頼むことができると伝えるときには、弁護士、弁護士会などを選べることや、どこに伝えればよいかなどを教えなければいけません。

判決・決定・命令の違いは？

　「判決」とは、裁判で争われた重要なことがらについて裁判所が結論を出すことです。判決は、複数の裁判官（裁判員）で裁判をする場合はみんなで話し合い、裁判で争う本人たちの言い分を聞いて内容を決めます。一方で「決定」と「命令」は、そこまで重要ではない、裁判を進める上で必要なことなどを決めることです。決定と命令はよく似ていますが、決定はその事件を複数の裁判官が担当する場合はみんなで行われるのに対して、命令は裁判官一人で行われます。

保釈金は「逃げません」という裁判所との約束

裁判を必ず受けますので、外に出してください

保釈金〇〇円　預かります

被告人

裁判所

第88条　保釈の請求

1項　勾留されている被告人、または弁護人や被告人の家族らは、保釈の請求をすることができます。

保釈金は正式には保釈保証金というんだ。
裁判が終わったら返してもらえるよ！

第79条 勾留と弁護人等への通知

被告人を勾留するときは、すぐに弁護人に伝えないといけません。弁護人がいないときは、家族などに伝えないといけません。

第87条 勾留の取消し

1項　勾留の理由または必要がなくなったときは、裁判所は、検察官、被告人、弁護人などからの請求、または裁判所の判断によって、勾留を取り消す決定をしなければいけません。

第89条 必要的保釈

裁判所は、保釈の請求があったときは、次の場合を除いて、保釈を許さなければいけません。

1号　被告人が死刑、無期、1年以上の拘禁刑が定められた罪を犯した人であるとき。

2号　被告人が、以前に死刑、無期、10年を超える拘禁刑が定められた罪を犯した人であるとき。

3号　被告人が、何度も繰り返し3年以上の拘禁刑が定められた罪を犯した人であるとき。

4号　被告人が、証拠を隠したり、嘘の証拠を作ったりすると疑われる納得できる理由があるとき。

5号　被告人が、被害者や、事件の裁判に必要な情報を知っている人や、その人の家族の身体や財産に危害を加えたり、怖い思いをさせたりすると疑われる納得できる理由があるとき。

6号　被告人の氏名または住所がわからないとき。

第90条　職権保釈

裁判所は、保釈された場合に被告人が逃げたり、証拠を隠したり、嘘の証拠を作ったりするおそれがどのくらいあるかや、勾留を続けることで被告人が受けるさまざまな不利益がどのくらいあるかなどを考えたうえで、裁判所の権限で保釈を許すことができます。

第93条　保証金額、保釈の条件

1項　裁判所は、保釈を許す場合には、保釈保証金の額を決めなければいけません。

2項　その金額は、犯罪の性質や情状、証拠の強さや被告人の性格や財産を考えに入れて、被告人が裁判所の呼び出しに応じることが保証できる金額でなければいけません。

3項　保釈を許す場合には、被告人が住むところを制限するなどの条件をつけることができます。

> 情状については82ページを見てね！

勾留の取消しと保釈

「保釈」は判決が出るまでの間、保釈保証金などの条件を決めて勾留を一時的にやめることをいいます。そのため、条件に反した場合などは再び勾留されることもあります。一方で「勾留の取消し」は、勾留をやめることで、基本的に再び勾留されることはなく、お金などを預ける必要もありません。

第99条　差押え、提出命令

1項　裁判所は、必要があるときは、証拠品または没収するべきと考えられる物を差し押さえることができます。ただし、特別な決まりがある場合は除きます。

第102条　捜索

1項　裁判所は、必要があるときは、被告人の身体、物または家などの場所を捜索することができます。

2項　被告人以外の人の身体、物または家などの場所は、証拠になる物がそこにある可能性が高いといえる場合に限って、捜索することができます。

差押え、捜索については81ページのコラムを見てね！

第128条　検証

裁判所は、事実を発見するために必要があるときは、検証をすることができます。

第143条　証人の資格

裁判所は、特別な決まりがある場合を除いて、誰からでも証人として話を聞くことができます。

第146条　自己の刑事責任と証言拒絶権

誰でも、自分が刑事事件で訴えられ、または有罪の判決を受けるおそれのある証言を拒否することができます。

証人は嘘をつかないことを宣誓するよ

良心に従って真実を述べ、何事も隠さず、偽りを述べないことを誓います！

運動会みたい

第154条 宣誓

証人には、特別な決まりがある場合を除いて、宣誓をさせなければいけません。

刑法第169条の偽証罪になるのは、この宣誓をしたのに、裁判でわざと嘘をついた場合だよ！

第157条の4　証人への付添い

1項　裁判所は、証人から話を聞く場合、証人の年齢、心や体の状態などから、証人が強い不安や緊張を感じるおそれがあるときは、検察官、被告人や弁護人の意見を聞いたうえで、証人の不安や緊張をやわらげることができて、証言を邪魔しない人を、証人が証言する間、付き添わせることができます。

被害者の保護・支援

　刑事裁判では、事件の具体的な状況などを明らかにするために被害者に証言をしてもらうことがあります。しかし、事件の被害を受けた人は心にも傷を負っていて、事件のことを思い出したり、加害者の姿を見ただけで苦しい思いをしてしまったりすることがあります。そのため、証言を行う被害者に付き添いの人をつけたり、加害者や裁判を見学する人たちから被害者

の姿が見えないようにしたり、テレビ電話で別の部屋から話をさせたりといったさまざまな被害者保護・支援の方法が用意されています。
　条件を満たせば、被害者参加制度という制度を活用して、裁判に参加することもできます。

警察官と検察官って どう違うの？

警察官

検察官

を起訴します

警察官と検察官

　警察官と検察官は、どちらも犯罪事件を捜査し、何が起きたのかを調べるのが仕事です。警察官は地元に密着して犯罪を防ぐ仕事もしています。検察官は法律の専門家で、警察が集めた証拠をもとに裁判を起こすかどうかを判断します。また、被疑者を処罰するよう裁判所に訴えを起こしたり、裁判で犯罪を証明したりします。

第188条の2　無罪判決と費用の補償

1項　無罪の判決が確定したときは、国は、その事件の被告人だった人に対して、裁判にかかった費用を支払います。

第189条　一般司法警察職員と捜査

2項　警察官などは、犯罪が行われたと判断できるときは、犯人や証拠を捜査します。

第197条　捜査に必要な取調べ

1項　捜査をする場合は、目的を達成するために必要な取調べをすることができます。ただし、逮捕などの強制的な捜査方法は、この法律で特別に許されている場合でなければ、できません。

刑事補償制度

　犯罪をしたのではないかと疑われて裁判になったものの、無罪となる場合もあります。被告人として裁判に関わると、勾留されたり、弁護士費用がかかったり、仕事に影響が出たりといったさまざまな損害を受けることになります。そこで、弁護士費用などは第188条の2によって支払われ、勾留されていた場合には、刑事補償法という法律に基づき、無罪となった人が裁判を通じて受けた他の損害をお金で補償する制度が整えられています。このようなしくみを刑事補償制度といいます。

第198条 被疑者の出頭要求・取調べ

1項 検察官や警察官などの捜査機関は、犯罪の捜査のため必要なときは、被疑者を呼び出して、取調べをすることができます。ただし、被疑者は、逮捕や勾留をされている場合でなければ、呼び出しを断ることや、呼び出された場所からいつでも帰ることができます。

2項 1項の取調べをするときは、被疑者にあらかじめ、言いたくないことは言わなくてもいいと伝えなければいけません。

3項 被疑者が話した内容は、書類に記録することができます。

4項 3項の書類は、被疑者に自分で読ませるか、被疑者に読んで聞かせて間違いがないかとたずねて、被疑者が修正を求めたときは、そのとおりに書かなければいけません。

5項 被疑者が書類の内容に間違いがないと言ったときは、この書類に自分の名前を書いてハンコを押すように求めることができます。ただし、被疑者が断った場合を除きます。

> ### 捜査への協力は強制？
>
> 　逮捕や勾留、捜索や差押えといった、相手が嫌がって協力しない場合でも強制的に実行できる捜査は、あらかじめ法律に書かれた決まりにしたがって行う必要があります（強制処分法定主義）。また、強制捜査を実行するためには、事前にその条件をみたしているかを裁判官が判断して、それを認めたことを証明する令状（逮捕状、捜索差押許可状など）に基づいて実行しなければいけません（令状主義）。

第199条　逮捕状による逮捕の要件

1項　検察官や警察官などの捜査機関は、被疑者に犯罪を行ったという疑いがあり、その疑いに納得できる理由があるときは、裁判官があらかじめ発する逮捕状により、被疑者を逮捕することができます。ただし、30万円以下の罰金などにあたる罪については、被疑者に決まった住むところがない場合や、きちんとした理由がないのに第198条の呼び出しに応じない場合に限ります。

2項　裁判官は、被疑者に犯罪を行ったという疑いがあり、その疑いに納得できる理由があると判断したときは、検察官や警察官などの求めに応じて、1項の逮捕状を出します。ただし、明らかに逮捕する必要がないと考えられるときは除きます。

逮捕とは、被疑者が逃げたり、証拠を隠したり嘘の証拠を作ったりしないように、被疑者をつかまえて行動の自由を制限することだよ。

ただし、捜査はできるだけこういった強制的な手段をとらず、捜査の相手を説得して協力してもらう方法で行わなければいけません（任意捜査の原則）。

これらのルールによって、警察や検察が捜査に必要な範囲を超えて人の権利を侵害することがないようにしているのです。

第203条 司法警察員の手続、検察官送致の時間の制限

1項　警察官などは、逮捕状により被疑者を逮捕したとき、または逮捕状により逮捕された被疑者を引き受けたときはすぐに、被疑者に対して、逮捕された理由と、弁護人を頼む権利があることを伝えたうえで、被疑者に自分の言いぶんを言う機会を与え、そのまま捕まえておく必要がなければすぐに釈放し、捕まえておく必要があると考えられるときは、48時間以内に証拠書類とともに検察官のところに連れていく手続きをしないといけません。

4項　警察官などは、1項のとおり弁護人を頼む権利があることを伝えるときに、被疑者が引き続き勾留を請求された場合でお金がないなどの理由により自分で弁護人を頼むことができないときは、弁護人をつけてくれるよう裁判官に求めることができることや、弁護人をつけるための手続きを被疑者に教えないといけません。

第205条 司法警察員から送致を受けた検察官の手続・勾留請求の時間の制限

1項　検察官は、第203条により被疑者を引き受けたときは、被疑者に自分の言いぶんを言う機会を与え、そのまま捕まえておく必要がないときはすぐに釈放し、捕まえておく必要があると考えられるときは、引き受けたときから24時間以内に裁判官に被疑者の勾留を請求しないといけません。

第207条 被疑者の勾留

1項　勾留の請求を受けた裁判官は、裁判所と同じ権限を持ちます。ただし、保釈のしくみは適用されません。

2項　裁判官は、被疑者に対し、弁護人を頼むことができること、お金がないなどの理由によって自分で頼めないときは弁護人をつけるよう請求できることを伝えないといけません。

この条文を根拠にして、第60条などの勾留に関係する条文で、「裁判所」は「裁判官」に、「被告人」は「被疑者」に読み替えられて使われるんだよ。

第208条 起訴前の勾留期間、期間の延長

1項　検察官は、被疑者を勾留した事件について、勾留の請求をした日から10日以内に起訴しないときは、すぐに釈放しないといけません。

2項　裁判官は、やむをえない理由があると判断するときは、検察官の請求により、勾留の期間を最長10日間延長することができます。

第203～208条は、まだ裁判になっていない「被疑者」の勾留について書いてあるよ。第60～62条では裁判が起こされた後の勾留について書いてあるから、「被告人」となっているんだ。
刑事裁判の流れと条文の関係は94頁に詳しく書いてあるよ！

現行犯逮捕は誰でもできるよ

第213条 現行犯逮捕

誰でも、逮捕状がなくても、現行犯人を逮捕することができます。

第214条 私人による現行犯逮捕と被逮捕者の引渡し

検察や警察など以外の人が現行犯人を逮捕したときは、すぐ検察や警察などの人に引き渡さなければいけません。

第212条　現行犯人

1 項　まさに今、犯罪を行っている、または犯罪を行い終わったばかりの人を現行犯人といいます。

2 項　次のどれか1つにあてはまる人が、犯罪を行い終わってから間がないことが明らかなときは、現行犯人として扱います。

　1 号　犯人として追われ、または呼びかけられているとき。

　2 号　盗んだもの、または明らかに犯罪に使ったと思われる凶器などを持っているとき。

　3 号　体や服に明らかな犯罪の跡があるとき。

　4 号　呼び止められて逃げようとするとき。

第218条　令状による差押え・記録命令付差押え・捜索・検証

1 項　検察官、警察官などは、犯罪の捜査をするうえで必要があるときは、裁判官の発する令状により、差押え、捜索または検証をすることができます。身体の検査は、身体検査令状がなければできません。

差押え・捜索・検証

　差押え・捜索・検証（第99条・第102条・第128条）は、裁判になっている事件に関係する証拠を集めたり、保存したりする作業で、法律では裁判所が行うと書いてあります。しかし、裁判になる前の捜査の段階では、第222条1項（この本では省略）で、裁判所が行うときと同じ決まりで警察・検察も差押え・捜索・検証ができると決められていて、実際にはテレビやドラマで見るように、警察・検察が行うことがほとんどです。

いろいろな事情を考えて裁判にするかを決めるよ

第248条 起訴便宜主義

犯人の性格や年齢、境遇、行った犯罪の重さの度合いや事情、犯罪後の状況などから、裁判をする必要がないと考えられる場合は、裁判を起こさないこと（起訴猶予）ができます。

情状ってなに？

犯罪を実行するまでのできごとや実行方法、被害の大小、犯人の反省などの事情を、法律では情状といいます。刑法第66条には、裁判官が、犯人の事情を気の毒に思うときは刑罰を軽くすることができると決められています。これを「情状酌量」と呼ぶことがあります。

第219条　差押え等の令状の方式

1項　218条の令状には、被疑者や被告人の氏名、罪名、差し押さえる物、捜索や検証する対象、身体検査の条件、令状の有効期間などを書いたうえで、裁判官の氏名を表示してハンコを押さないといけません。

第230条　告訴権者

犯罪によって被害を受けた人は、検察官や警察官などに対し、そのことを伝えて、犯人の処罰を求めることができます。

第239条　告発

1項　誰でも、犯罪が行われていると判断したときは、検察や警察などに対し、そのことを伝えて、犯人の処罰を求めることができます。

第247条　国家訴追主義

公訴（起訴）は、検察官が行います。

検察官が犯人の処罰を求めて裁判所に裁判を起こすことを公訴または起訴というんだ。裁判所ではこれを受けて、被告人が本当に犯人かどうか、犯人だとするとどのような処罰をするべきかを決める裁判が行われるんだよ。
裁判の結果、その被告人が犯人だと決まるまでは、被告人は犯人としては扱われないよ。これを「推定無罪の原則」というんだ。33ページのコラム「疑わしきは被告人の利益に」も読んでみよう！

第250条　公訴時効期間

1項　人を死なせた罪で拘禁刑にあたるものは、次の期間をそれぞれ経過することで、時効が完成します。

　　1号　無期拘禁刑にあたる罪は、30年
　　2号　期間の上限が20年の拘禁刑にあたる罪は、20年
　　3号　1・2号以外の罪は、10年

2項　人を死なせた罪で拘禁刑以上の刑罰にあたるもの以外の罪は、次の期間をそれぞれ経過することで、時効が完成します。

　　1号　死刑にあたる罪は、25年
　　2号　無期拘禁刑にあたる罪は、15年
　　3号　期間の上限が15年以上の拘禁刑にあたる罪は、10年
　　4号　期間の上限が15年未満の拘禁刑にあたる罪は、7年
　　5号　期間の上限が10年未満の拘禁刑にあたる罪は、5年
　　6号　期間の上限が5年未満の拘禁刑、または罰金にあたる罪は、3年
　　7号　拘留または科料にあたる罪は、1年

3項　2項の決まりとは別に、次に挙げる罪は、それぞれの号で決めた期間を経過することで時効が完成します。

　　2号　刑法第177条、第179条2項の罪、またはこれらの罪の未遂罪は、15年

　　3号　刑法第176条、第179条1項、これらの罪の未遂罪、または「児童福祉法」第60条1項の罪（自分を相手に性的な行為をさせる場合に限ります）は、12年

4項　2項・3項の決まりとは別に、3項に挙げた罪は、犯罪行為が終わったときに被害者が18歳未満である場合、その被害者が被害に遭った日から18歳になるまでの期間を3項のそれぞれの号で決めた期間に加えた期間が経過することで、時効が完成します。

時効はなんのためにある？

　犯罪から長い年月が経ってしまうと、関係者の記憶も薄れ、他の証拠も失われて公正な裁判をすることが難しくなったり、犯罪の社会的影響も薄れて処罰の必要がなくなったりする場合もあります。そのため、決められた年月が経過すると起訴できなくなる仕組みとして「時効」という制度があるのです。ただし殺人罪や強盗致死罪など、「人を死亡させ、最も重い刑罰が死刑である罪」には時効がありません。

　この仕組みは、被害者の気持ちや外国の制度を参考にしながら見直しが続けられています。

どんなに軽い犯罪でも裁判になっちゃうの？

軽い犯罪で、犯人も罪を認めている場合、起訴しないことがあるよ（第248条）。起訴する場合も、法廷で裁判をしないで罰金刑にすることがあるよ。これは略式手続というんだ。

日本で最も多い犯罪は道路交通法違反で、ほとんどが裁判にならないんだ。その場合は、反則金というお金を払えば許してもらえるけど、悪質な場合は裁判になることもあるよ！

第256条 　起訴状、訴因、罰条

1項　公訴は、起訴状を提出して行います。

2項　起訴状には次のことを書かなくてはいけません。

　1号　被告人の氏名や住所など、人違いを防ぐための情報

　2号　公訴事実（犯罪事実）

　3号　罪名

6項　起訴状には、裁判官に先入観を与えるおそれのある書類などを付けてはいけません。

第282条 　公判廷

1項　裁判のために裁判官や裁判員が証拠を見たり、証人の証言を聞いたりする手続は、公開された法廷で行います。

第286条 　被告人の出頭の権利義務

原則として、被告人が出席しなければ、法廷で裁判を始めることができません。

第287条 　身体の不拘束

公開の法廷では、被告人に手錠をかけるなど身体の自由を奪うようなことをしてはいけません。ただし、被告人が暴力をふるったり、逃げようとしたりした場合は除きます。

言いたくないことは言わなくていい

第311条 被告人の黙秘権・供述拒否権、任意の供述

1項　被告人は、裁判の最初から最後までだまっていることができ、また、個別の質問に対して答えないこともできます。

黙秘をしたからといって、それだけで裁判で不利に扱われたりはしないんだ。

第289条 必要的弁護

1項　死刑、無期または3年を超える拘禁刑などが定められた犯罪について裁判をする場合には、弁護人がいなければ法廷で裁判を始めることができません。

第291条 冒頭手続

1項　検察官は、まず、起訴状を朗読しなければいけません。
4項　その後、裁判長は、被告人に対し、ずっとだまっていてもかまわないし、個別の質問に答えないこともできることなど、被告人の権利を保護するための決まりを伝えたうえ、被告人と弁護人に対し、事件について意見を言う機会を与えないといけません。

第296条 検察官の冒頭陳述

証拠調べのはじめに、検察官は、証拠によりどのような事実を証明しようとするのか、説明しないといけません。ただし、先入観を与えるおそれのあることを言ってはいけません。

第298条 証拠調べの請求、職権証拠調べ

1項　検察官、被告人または弁護人は、裁判所に対し、証拠調べを請求することができます。

証拠調べとは、裁判官や裁判員が、証拠を法廷で見たり、証人の話（証言）を聞いたりすることだよ！

第316条の2　公判前整理手続の決定と方法

1項　裁判所は、充実した裁判を計画的に、そしてすみやかに行うことができるように、検察官、被告人や弁護人からの求めによって、または必要と判断するときは、法廷で裁判を始める前の準備として、事件の争点や証拠を整理するための公判前整理手続を行うことができます。

第316条の30　被告人・弁護人による冒頭陳述

公判前整理手続が行われた事件で、被告人または弁護人は、証拠を提出して証明するべき事実や主張があるときは、第296条の手続きをしてから行わなければいけません。ただし、先入観を与えるおそれのあることを言ってはいけません。

公判前整理手続き

　法律の専門家ではない普通の人が感じることや考えることを裁判に反映させ、裁判を理解しやすく身近なものにするために、一般の人たちの中から選ばれた裁判員が参加する「裁判員裁判」が始まっています。裁判員裁判以外の裁判は、たくさんの証拠を裁判官が長い時間かけて調べていましたが、同じやり方では、法律の専門家ではないわたしたちにとってはとても大変です。そこで、裁判員裁判の前には、裁判がスムーズに進むように公判前整理手続きが行われます。

第317条　証拠裁判主義

裁判で、ある事実があった、なかったということが認められるためには、証拠が必要です。

第319条　自白の証拠能力・証明力

1項　強制、拷問または脅迫による自白、不当に長く勾留された後の自白など、本人が自分の意思でしたのではないと疑われる自白は、証拠とすることができません。

2項　被告人は、不利な証拠が自白しかない場合には、有罪とされません。

33ページのコラム「疑わしきは被告人の利益に」も読んでみよう！

第320条　伝聞証拠と証拠能力の制限

1項　裁判官や裁判員の目の前で証言したり発言したりすることの代わりに、その証言などの内容が書かれた書面を裁判の証拠にすることは、原則としてできません。

これは伝聞法則という証拠の考え方だよ！

第333条 刑の言渡しの判決、刑の執行猶予の言渡し

1項　起訴された事件について犯罪の証明がされたときは、判決で刑の言渡しをしないといけません。

2項　刑の執行猶予の言渡しは、刑の言渡しと同時にしないといけません。

第335条 有罪判決に示すべき理由

1項　有罪を言い渡すときは、罪に問われる事実と証拠、適用する法令を示さなければいけません。

2項　法律に照らして犯罪が成立しない理由や、刑罰を重くしたり軽くしたりする理由になる事実が主張されたときは、これらの主張に対する判断を示さなければいけません。

第336条 無罪の判決

公訴された事件がもともと犯罪にならないとき、または被告人が犯罪を行ったということが証拠により証明されたと言えないときは、判決で無罪の言い渡しをしないといけません。

第429条 準抗告1

1項　裁判官が勾留などの裁判（決定）をした場合に、納得できない人は、裁判所に対して、その裁判の取消や変更を求めることができます。

第430条 準抗告2

1項 検察官などがした差押えなどに納得できない人は、裁判所に対し、その取消や変更を求めることができます。

2項 警察官などがした1項の処分に納得できない人は、裁判所に対し、その取消や変更を求めることができます。

第471条 裁判の確定と執行

裁判は、特別の決まりがある場合を除いて、確定した後、執行します。

> 裁判で決まった刑罰を実行することを執行というよ！

三審制ってなんだろう？

　裁判はどんなに慎重に行っても慎重すぎることはありません。判決に対して納得がいかなければ、上位の裁判所に対して2回まで「判決に間違いがあるので正してほしい」と求めることができます（上訴）。そのため、判決が言い渡されても、決められた期間中に上訴をした場合は判決が確定しません。上訴を受けた裁判所は前の裁判で認められた事実や証拠をふまえ、必要があれば改めて証人を呼んだりして、前の判決に間違いがないかをチェックし、間違いがあったり、刑が重すぎたりしたときは、前の判決を否定して、新たに判決をするのです。最大で3回まで裁判所の審判を求めることができるこの制度を三審制といいます。

刑事事件の流れと法律の順番は違う？！

法律の条文は、実際に事件が起きたときに使われる順番通りには並んでいません。

刑事事件の場合は、①まず何が起きたのかを調べ（捜査）、②疑われている人（被疑者）に対して裁判を起こし（起訴）、③疑われている人（被告人）が犯人かどうか証拠を挙げて争い（公判）、④犯人なのかどうか、刑罰をどうするのかを決めます（判決）。

この流れに沿って、刑事訴訟法の条文を並べ替えると次のようになります。

捜査

第230条：告訴
第197条：捜査
第198条：被疑者の出頭要求・取調べ
第199条：逮捕状による逮捕の要件
第205条、207条、208条、60条：被疑者の勾留、期間・期間の更新
第218条、222条、99条、102条：令状による捜索・差押え

起訴

第247条：起訴独占主義
第248条：起訴便宜主義
第256条：起訴状

公判

第316条の2：公判前整理手続
第316条の33：被害者等の手続参加
第60条：勾留の理由、勾留の期間
第88条：保釈の請求
第311条：被告人の黙秘権・供述拒否権
第317条：証拠裁判主義
第319条：自白の証拠能力・証明力
第320条：伝聞証拠排除の原則
第143条：証人の資格
第157条の4：証人の付添人

判決

第333条：刑の言渡し、執行猶予の言渡し
第335条：有罪の判決
第336条：無罪の判決

第60条1項には、「裁判所は、被告人に、ある具体的な犯罪を行ったという疑いがあって、その疑いに納得できる理由がある場合には、被告人を勾留することができます」と書いてあります。法律上、「被疑者」として逮捕された人は、起訴されてから「被告人」になります。けれど、第207条1項に「勾留の請求を受けた裁判官は、裁判所と同じ権限を持ちます」と書いてあるので、第60条の「裁判所」は「裁判官」に、「被告人」は「被疑者」に置き換えてもいいことになっているのです。

このように、実際に法律を使うときは、1つの条文だけでなく、関係するいくつかの条文を組み合わせて理解する必要があります。条文もたくさんあって順番もばらばらなので、法律を作る人も、法律を使って仕事をする人もとても大変ですよね。

第3章

少年法

少年法は子どもが犯罪行為をしたときのルール
社会で生きていけるように教育を与えるよ！

　子どもが悪いことをするのは本人のせいだけではなく、貧しさや、周りの大人たちのせいであることも多いのです。たまたま不運な環境に生まれ育ち、罪の意識なく法を破ってしまった子どもに重い刑罰を与えることは、その子どもが本来もっている将来の可能性を奪ってしまうことになりかねません。

　子どもは学校に通い、教育を受けることで、社会に出て生きていくのに必要な力を身につけることができます。けれど、大切なその期間を刑務所で過ごしてしまうと、働いて食べていくために必要な教育や経験を受けることができなくなってしまいます。それはその子が将来的に再び犯罪をしてしまうことにもつながります。

　そこで、この法律ができました。少年法は、未成年者が法律を破る行為をしたときに、自分のした罪を反省させ、教育を受けさせ、または子どもを取り巻く環境を調整して、子どもにやり直すチャンスを与えようとする法律です。この法律では、そのためのルールが細かく決められています。

　少年法は、ときには「子どもに甘すぎる」という批判を受けることもあり、場合によっては大人と同じ罰を受けさせようと判断されることもあります。ですが、基本的に子どもには刑罰ではなく教育を与えることで、他人の権利を大切にできる大人に育ってもらおうと考えられているのです。

子どもには罰だけではなく教育が与えられる

第1条　この法律の目的

この法律は、少年がきちんと育つように、悪いことをした少年に性格を直させたり、環境を調整したりする保護処分を行うとともに、少年の刑事事件について特別な対応を行うことを目的とします。

第2条　定義

1項　この法律で「少年」とは、まだ20歳になっていない人をいいます。

2項　この法律で「保護者」とは、少年の面倒をみて育てる義務が法律で決められている人や、実際に少年の面倒をみて育てている人をいいます。

> この条件を満たしていれば男の子も女の子もこの法律では「少年」だよ！

第3条　審判に付すべき少年

1項　次の少年は、家庭裁判所で審判をします。

1号　罪を犯した少年

2号　刑罰が決められた法律に触れることをし、まだ14歳になっていない少年

3号　次に挙げる理由があり、性格や環境から考えて、将来、法律に触れたり罪を犯したりするおそれのある少年

イ　保護者の言うことをきかない。

ロ　きちんとした理由がないのに家に帰らない。

ハ　犯罪をする可能性のある人や行いの悪い人と仲良くし、またはいかがわしい場所に出入りする。

ニ　悪い行いをしたり、それに他人を誘ったりする。

> 悪いことをした少年を反省させ、どんな対応をするべきかを決めることを審判というよ！

子どもだからといって謝るだけでは許されない

ペコペコ

第6条の2　警察官等の調査

1項　警察官は、14歳になる前に法に触れる行為をしたと疑われる少年を発見した場合、必要があればその事件について調査をすることができます。

2項　1項の調査は、少年の感情などを傷つけることがないように注意しながら、何が起きているのかを明らかにし、少年を健全に育てることを目的として行わなければいけません。

第6条　通告

1項　家庭裁判所に審判してもらうべき少年を発見した人は、家庭裁判所に連絡しないといけません。

2項　警察官または保護者は、第3条1項3号に挙げる少年について、直接家庭裁判所に報告するよりも前に、まず児童福祉法に基づいた対応をするのがふさわしいと考えるときは、その少年について直接、児童相談所に報告することができます。

> 児童相談所は、児童福祉法という法律で設置することが決められた施設だよ。子どもの成長と最低限度の生活を守るために決められたルールなんだ。

第6条の3　調査における付添人

少年と保護者は、第6条の2第1項で決められている調査を受けるとき、いつでも弁護士に調査の付添人を頼むことができます。

第6条の4　呼出し、質問、報告の要求

1項　警察官は、調査をする場合に必要なときは、少年、保護者などを呼び出し、質問をすることができます。

2項　1項の質問をするときに、無理やり答えさせるようなことをしてはいけません。

第6条の6　警察官の送致等

1項　警察官は、調査の結果が次のどれかにあたる場合は、調査に関する書類と一緒に事件を児童相談所長に任せなければいけません。

1号　第3条1項2号に挙げる少年に関する事件について、その少年の行為が次に挙げる罪に触れると考えられるとき。

イ　自分の意思で犯罪行為を行い、被害者を死なせた罪

ロ　イに挙げるもののほか、死刑、無期または2年以上の拘禁刑にあたる罪

2号　1号に挙げたもののほか、家庭裁判所で審判をするのがふさわしいと考えられるとき。

第6条の7　都道府県知事又は児童相談所長の送致

1項　都道府県知事または児童相談所長は、第6条の6に基づいて任された事件に対して、児童福祉法第27条1項4号に決められた対応をしなければいけません。ただし、調査の結果、その必要がないと考えられる場合は除きます。

2項　都道府県知事または児童相談所長は、児童福祉法の決まりが適用されている少年について、行動の自由を制限したり、自由を奪ったりするような対応が必要である場合は、児童福祉法第33条、第33条の2、第47条の決まりによって認められている場合を除き、家庭裁判所に対応を任せなければいけません。

第8条　事件の調査

1項　家庭裁判所は、第6条1項などに決められた連絡を受け、審判をしなければいけない少年がいると考えられる場合は、事件について調査しなければいけません。検察官や警察官、都道府県知事、児童相談所長などから家庭裁判所が審判をしなければいけない少年事件を任された場合も同じです。

第9条　調査の方針

第8条の調査は、なるべく、少年、保護者または関係する人の普段の行いや経歴、性格や環境などについて、さまざまな専門的知識、とくに少年鑑別所が少年について調べた結果を活用して行うように努力しなければいけません。

第9条の2　被害者等の申出による意見の聴取

家庭裁判所は、最高裁判所規則に決められているとおり第3条1項1号と2号に挙げた少年に関係する事件の被害者たちから、被害に関して感じていることや、事件に関する意見を言いたいという申し出があった場合は、聴き取りを行うか、または家庭裁判所調査官に聴き取りをさせます。ただし、事件の性質や、調査・審判の状況、その他の事情を考えて、聴き取りを行うことがふさわしくないと考えられる場合は除きます。

最高裁判所規則は、裁判の手続きや裁判所で働く人のルールを決めたものだよ。

第10条　付添人

1項　少年や保護者などは、家庭裁判所の許可を受けて、付添人を頼むことができます。ただし、弁護士に付添人を頼む場合は家庭裁判所の許可は必要ありません。

2項　保護者は、家庭裁判所の許可を受けて、付添人になることができます。

第16条　援助、協力

1項　家庭裁判所は、調査や観察のため、警察官、保護観察官、保護司、児童福祉司（児童福祉法第12条の3第2項6号に決められている児童福祉司）または児童委員に対して必要な助けを求めることができます。

2項　家庭裁判所は、仕事を行う上で、学校や病院などに対して、必要な協力を求めることができます。

子どもの相談にのってくれるたくさんの大人たち

　この法律に繰り返し出てくる児童相談所は、家庭などから児童についての専門的な相談を受ける施設です。虐待を受けている子どもを守る仕事もしています。

　児童相談所の所長は児童福祉の専門家がなると児童福祉法で決まっていて、お医者さんや心理の専門家がなる場合もあります。その他にも保護司や児童委員、国から依頼を受けて子どもの相談にのってくれる人たちがいて、法律に基づいて家庭裁判所に協力することもあります。

第17条　観護の措置

1項　家庭裁判所は、審判をするために必要があるときは、次の観護という対応をすることができます。

　1号　家庭裁判所調査官の観護を受けさせること。
　2号　少年鑑別所に送ること。

「観護」は、少年を保護して、少年の状況や環境を調べることだよ。少年鑑別所に入ると自由は制限されちゃうけどね。

第17条の4　少年鑑別所送致の場合の仮収容

1項　家庭裁判所は、第17条1項2号の対応をとった場合、すぐに少年鑑別所に入らせることが難しいと考えられる理由があるときは、少年を近くの少年院または刑事施設の中の区別された場所に一時的に入れることができます。

第18条　児童福祉法の措置

1項　家庭裁判所は、調査の結果、児童福祉法の決まりに従って対応することがふさわしいと考えた場合は、事件を都道府県知事または児童相談所長に任せなければいけません。

第19条　審判を開始しない旨の決定

1項　家庭裁判所は、調査の結果、審判をすることができない、または審判することがふさわしくないと考えられるときは、審判を始めないという決定をしなければいけません。

第20条 検察官への送致

1項　家庭裁判所は、死刑または拘禁刑の刑罰が決められている罪の事件について、調査の結果、大人と同じ手続きで対応することがふさわしいと考えられるときは、検察官に任せなければいけません。

2項　家庭裁判所は、自分の意思による犯罪行為で人を死なせてしまった少年の事件の場合で、少年が事件のときに16歳以上の場合には、原則として、1項の対応をとらなければいけません。

第21条 審判開始の決定

家庭裁判所は、調査の結果、審判を始めるのがふさわしいと考えられるときは、審判を始めるという決定をしなければいけません。

第22条 審判の方式

1項　少年の審判は、親切に問いかけることを心がけ、和やかに行うとともに、悪いことをした少年に対して自分のしたことに向き合い、反省を促すようにしなければいけません。

2項　審判は非公開とします。

3項　審判の進行は裁判長が行います。

第22条の4　被害者等による少年審判の傍聴

1項　家庭裁判所は、最高裁判所規則に決められているとおり、第3条1項1号と2号に挙げた少年に関係する事件で、次のような罪にあたる行為の被害者たちから、審判の傍聴の申し出がある場合で、いろいろな事情を考えて、少年の健全な育成を妨げるおそれがなく、納得できると認めるときは、その被害者たちに対して傍聴を許すことができます。

　1号　自分の意思で行われた犯罪行為によって人を死なせた罪
　2号　刑法第211条の、不注意によって人を死なせた罪
　3号　「自動車の運転により人を死傷させる行為等の処罰に関する法律」第4条、第5条または第6条3項、4項の危険な運転で人を死なせた罪

裁判を見学することを傍聴というよ。基本的には刑事裁判は公開だから誰でも傍聴できるよ。でも、子どもの裁判は基本的に非公開で、第22条の4の場合だけ被害者の傍聴が認められるんだ。

第23条　審判開始後保護処分に付しない場合

1項　家庭裁判所は、審判の結果、第18条または第20条にあたる場合であると考えたときは、それぞれ決められた対応を行う決定をしなければいけません。
2項　家庭裁判所は、審判を通じて、少年を保護処分にすることはできないと考え、または保護処分をする必要がないと考えたときは、その決定をしなければいけません。

少年院では教育のために生活の自由を制限されるよ

第24条 保護処分の決定

1項 家庭裁判所は、第23条の場合を除いて、審判をした事件について、次の保護処分を行わなければいけません。ただし、処分を行うときに少年が14歳になっていない場合は、とくに必要と考えられる場合に限って、3号の保護処分をすることができます。

1号 保護観察所による保護観察を受けさせること。

2号 児童自立支援施設または児童養護施設に任せること。

3号 少年院に任せること。

第25条 家庭裁判所調査官の観察

1項　家庭裁判所は、第24条1項の保護処分を決定するために必要と考えられるときは、一定の期間、試験的に家庭裁判所調査官の観察を受けさせることができます。

第25条の2 保護者に対する措置

家庭裁判所は、必要と考えられるときは、保護者に対して、少年を守り育てる責任を自覚させ、育てている少年が悪いことをしないように、調査や審判の中で、戒めたり、指導したりするなどの必要な対応をすることができます。

子どもが立ち直るために教育をする施設

　法律に触れることや、望ましくないことをした子どもの立ち直りを支援したり、そのための教育をしたりするために、保護観察所や児童自立支援施設、少年鑑別所、少年院など、いろいろな施設が用意されています。どの施設に入るかは事情により違いますが、いずれも子どもたちに生活態度を改めさせ、社会で生きていくことができるように教育したり、支援したりするための施設です。家から定期的に通う施設もある一方で、少年院のような、施設の中で生活させることでこれまで過ごしてきた環境から引き離す施設もあるのです。

14歳以上は大人と同じ罰を受けることもあるよ

第40条　準拠法例

少年の刑事事件は、この法律で決められていること以外は、大人の刑事事件と同じように扱います。

第41条　司法警察員の送致

警察官は、少年が疑われている事件について調べた結果、罰金以下の刑にあたる犯罪をしたのではないかと考えられるときは、少年を家庭裁判所に任せなければいけません。犯罪の疑いがない場合で、家庭裁判所に審判をしてもらうべきと考えるときも同じです。

第31条の2　被害者等に対する通知

1項　家庭裁判所は、第3条1項1号または2号に挙げた事件の対応を決定した場合で、最高裁判所規則で決められた事件の被害者たちからの求めがあったときは、次に挙げることを伝えます。ただし、それを伝えることが少年の健康で安全な成長に悪い影響を与える可能性があり、ふさわしくないと考えられるときは除きます。

　　1号　少年と法律で決められた代理人の氏名、住所
　　2号　対応を決定した日、決定した内容とその理由

第42条　検察官の送致

1項　検察官は、少年が疑われている事件について調べた結果、犯罪の疑いがあると考えられるときは、第45条5号に決められている場合以外は、すべて家庭裁判所に任せなければいけません。犯罪の疑いがない場合で、家庭裁判所に審判をしてもらうべきと考えるときも同じです。

第45条　検察官へ送致後の取扱い

家庭裁判所が第20条1項の決まりによって事件を検察官に任せたときは、次のようにします。

5号　検察官は、家庭裁判所から任された事件について、公訴をする必要があると考えられるときは、公訴しなければいけません。

子どもにはやり直すための
チャンスが与えられるよ

第61条　記事等の掲載の禁止

家庭裁判所の審判を受けた少年または少年のときの犯罪で公訴
された人については、氏名・年齢・職業・住所など、事件を起
こした本人だとわかるような記事や写真を新聞などの出版物に
掲載してはいけません。

子どもは教育によって変われると考えて、大人になって
からの生活を守るためのしくみがあるんだ。

第48条　勾留

1項　勾留状は、仕方のない理由がある場合以外は、少年に対して発行することはできません。

2項　少年を勾留する場合は、少年鑑別所で行うことができます。

3項　本人が20歳になった後でも、引き続き2項の決まりを適用することができます。

刑事訴訟法の第60条を見てね！

第50条　審理の方針

少年に対する刑事事件の裁判は、第9条に決めた方針で行わなければいけません。

第51条　死刑と無期刑の緩和

1項　犯罪をしたときに18歳未満だった人は、大人であれば死刑にするべきときは、無期拘禁刑とします。

2項　犯罪をしたときに18歳未満だった人は、大人であれば無期拘禁刑にするべきときでも、有期拘禁刑とすることができます。この場合、刑の期間は10年以上20年以下とします。

重い罪を犯した場合でも、子どもだと刑罰は軽くなる。でも、決して軽い刑罰ではないし、大人と同じように罪を償わないといけないんだよ。

第62条　検察官への送致についての特例

1項　家庭裁判所は、特定少年（18歳以上の少年をいいます）が起こした事件について調べた結果、刑事裁判を受けさせるべきだと考えるときは、第20条の決まりに関係なく、事件を検察官に任せなければいけません。

第65条　この法律の適用関係

1項　第3条1項3号の決まりは、特定少年については適用しません。

第68条　記事等の掲載の禁止の特例

第61条の、事件を起こした本人だとわかるような記事や写真を新聞などの出版物に掲載してはいけないという決まりは、特定少年のときに犯した罪で公訴を起こされた場合、適用しません。

第4章

民法

民法はみんなの「あたりまえ」を支えるルール
人と人の争いを解決する基準だよ！

　誰かと何かを約束したら守る。人に借りたものは返す。友達をいじめたり、悪口を言ったりしてはいけない。

　「そんなのあたりまえ！」って思いますよね？

　民法はそのような人と人との約束や関係についての「あたりまえ」を決めた法律です。あたりまえのことは、普段は意識することもありませんが、いざもめごとが起きたときにはそれを解決する基準になります。

民法の内容は、財産についてのルールと家族についてのルールの２つに大きく分けられます。財産についてのルールは、お金や物の貸し借りなど、人と人が何かを約束するときの決まりと、他人を傷つけてしまって、その責任を負うときの決まりです。そして家族についてのルールは、結婚や離婚、どこまでが家族かなどについての決まりをまとめています。

民法がほかの法律と違うのは、本人同士が納得して約束した内容であれば、民法に書いてあるのと違っていてもOKな場合もあるということです。これは「契約自由の原則」といって、人びとの自由でスムーズな取引を大事にするために、民法が大切にしている考え方の１つです。

また民法には、人の物を壊したり、友達をいじめたりした人が、どうやってその損害を償うかのルールも決められています。親が子どものやったことの責任を負わなければいけないことや、子どもを育てたり、教育したりしなければいけないことを決めたのも民法です。

民法は、こんな「あたりまえ」をルールにしておくことで、人びとの間でトラブルが起きることを防ぎ、トラブルを公平に解決できるようにしているのです。

人に迷惑をかけるために権利を使ってはいけないよ

第1条 基本原則

1項　個人の権利を主張するときは、他の人たちに迷惑をかけたり、他の人たちの権利を侵害したりしてはいけません。

2項　権利を主張したり、義務を果たしたりするときは、お互いの信頼を裏切ることがないようにしなければいけません。

3項　むやみに権利を使うことは許されません。

第2条　解釈の基準

この法律は、一人ひとりを尊重し、男性と女性が生まれつき平等であることを前提として解釈しなければいけません。

第3条　権利能力

1項　すべての人は生まれたときから権利を持ちます。

第4条　成年

法律上は18歳以上の人を大人（成年）とします。

第5条　未成年者の法律行為

1項　未成年者が契約をするときは、法律で決められた代理人（両親など）の同意が必要です。ただし、未成年者がタダで何かをもらったり、何かをする義務がなくなったりする契約をするときは、必要ありません。

2項　1項の同意なく行われた契約は取り消すことができます。

3項　お小遣いとして渡されたお金の使い道は、1項の決まりと関係なく自由に決めることができます。

法律行為については156ページのコラムを見てね！

大人のフリをして
買い物をしてはダメ！

第21条 制限行為能力者の詐術

未成年者が、自分は成年であると嘘をついて契約を行った
場合は、その行為を取り消すことはできません。

第90条 こうじょりょうぞく
公序良俗

安心して暮らせる社会や平和を保つという観点からふさわしくないことを目的とする契約は、なかったことにします。

第91条 にんいきてい こと いしひょうじ
任意規定と異なる意思表示

契約をしたいと考えている本人たちが、社会の秩序に関係ない決まり（任意規定）とは違った方法や条件で契約をしたいと考えている場合は、法律の決まりより本人たちの考えを尊重します。

第92条 にんいきてい こと かんしゅう
任意規定と異なる慣習

社会の秩序に関係ない決まり（任意規定）とは違った慣習がある場合、契約をしたいと考えている本人たちが、その慣習に従いたいと考えているときは、その慣習を尊重します。

任意規定については次のページのコラムで説明しているよ！

ペットは物？

民法では、何を「物」とするかは、第85条（『こども六法』では省略）に「有体物」と書かれています。その中にはなんと、ペットも含まれるのです。そのため、誰かのペットを傷つけた人は、刑法の傷害罪ではなく、器物損壊罪に問われることになります。

さらに、動物たちの命や尊厳を守るために動物愛護法などの法律があり、誰かのペットでなくても動物を虐待すると犯罪になります。

任意規定って何？

　法律は「守らなければいけないもの」というイメージがありますが、じつは法律よりも人びとの間の約束や、約束をする本人たちが住んでいる地域などの慣習を優先してもいい場合があります。民法では人びとの間できちんとした約束ができるなら、条文と違ってもその約束を優先していいとされている決まりがあるのです。この決まりのことを、「任意規定」といいます。万が一もめごとが起こったときには任意規定が解決の指針として使われることになります。

　しかし、すべての決まりを任意規定にしてしまうと、人に危害を加える約束や麻薬の売買などの社会的に悪い影響を与える約束、法律に触れることをする約束をしてしまう可能性があります。また、力の強い人や年上の人などに約束を押し付けられてしまうこともあるかもしれません。

　こういったことを防ぐためにあるのが「強行規定」です。たとえば、前に出てきた第90条は、この強行規定の1つです。強行規定は、約束や慣習よりも優先し、みんなが必ず守らなければいけません。

第93条 心裡留保 <small>しん り りゅう ほ</small>

1項　本心では思っていない約束の提案をした場合でも、後からその提案をなかったことにすることはできません。ただし、お互いが明らかに冗談だとわかる場合など、相手が本心で提案をしていないことに気づいていたり、それを知ることが可能だったりした場合は、その提案はなかったことになります。

2項　約束をした人たち以外の誰かが、その約束を信じてしまった場合は、なかったことにはできません。

第94条 虚偽表示 <small>きょ ぎ ひょう じ</small>

1項　お互いに守るつもりのない約束の提案をした場合は、その提案はなかったことにします。

2項　約束をした人たち以外の誰かが、その約束を信じてしまった場合は、なかったことにはできません。

第95条 錯誤 <small>さく ご</small>

1項　約束の提案の重要な部分に誤解があった場合で、その誤解が、契約の目的や約束をする上での常識から考えて重要なものであるときは、その約束の提案は取り消すことができます。

3項　誤解が約束の提案をした人の重大なミスによって起きたものだった場合は、基本的に1項の取消しはできません。

たとえば、1000円で売りたいと思った中古ゲームソフトをフリマアプリで間違って100円で出品して、売れてしまった場合は、「売る人に重大なミスがあった」として取り消せないことも多いんだ。

頼まれて、代わりに注文してあげるのはOK！

| 第99条 | 代理行為の要件及び効果 |

1項　代理人（契約を代わりにやってくれる人）が、本人とあらかじめ決めた権限の中で、本人のためにすると言って行った約束の提案は、本人がしたのと同じものと考えます。

第96条　詐欺又は強迫

1項　騙されたり脅されたりして無理やりさせられた約束の提案は、取り消すことができます。

第162条　所有権の取得時効

1項　隠したり暴力を使ったりすることなく、他人の物を、自分の物として 20 年間持ち続けた人は、それが他人の物だと知っていたとしても、その物の持ち主になれます。

2項　他人の物を、他人の物だと知らずに、自分の物と信じて 10 年間持ち続けた人は、その物の持ち主になれます。

第 162 条は大人たちが土地の所有権をめぐって争うときに使われることがある条文なんだ。持ち主になることを、法律では「所有権を取得する」というよ。所有権がなんなのかは第 206 条を見てね！

第175条　物権の創設

ある物を管理したり使ったりする権利（物権）は、法律に書いてあるもの以外には認められません。

『こども六法』では所有権（第 206 条）だけを説明するよ。このあとに出てくる債権は、人と人との約束で、自由に決めることができる（第 521 条）のに対して、物権は、ある物を自分だけが持ったり使ったりできる権利だから、物権の内容や使い方は法律に決められたもの以外は認められないんだ。

落とし物は交番に届けよう

第240条 遺失物の拾得

落とし物などが見つかったときは、遺失物法という法律に決められたとおりにお知らせをし、その後3か月以内に持ち主が見つからなければ、拾った人の物になります。

遺失物法では、拾った物はすぐに持ち主に返すか、警察に届けなければいけないと決められているよ！

第206条 所有権の内容

物を所有している人は、その物を自由に使ったり、それを使ってお金を稼いだり、処分したりできる権利を持っています。

債権・債務って何？

次のページからたくさん出てくる用語に、「債権」「債務」というものがあります。たとえば、あなたが友達からマンガを貸して欲しいと頼まれ、「いいよ」と返事をしたとします。このとき、あなたと友達は、そのマンガの貸し借りをする約束をしたことになります。これがこのあと第593条に出てくる使用貸借契約です。このときに発生するあなたの「マンガを返してもらう権利」と友達の「マンガを受け取る権利」を「債権」といい、あなたの「マンガを渡す義務」と友達の「マンガを返す義務」を「債務」というのです。債権を持っている人を債権者、債務を負っている人を債務者といいますが、じつは契約を結んだ人たちはどちらも、債権と債務の両方を持っています。これを双務契約といいます。130ページのイラストでもこの関係を説明しています。

一方で、契約を結んだ片方だけが債務を負う契約もあり、これを片務契約といいます。たとえばあなたが友達の誕生日にマンガをプレゼントするとき、あなたと友達の間では第549条に出てくる贈与契約を結んだことになります。このときあなたには「マンガを渡す義務」という債務が、友達には「マンガを受け取る権利」という債権がありますが、あなたには何かをもらう債権はなく、友達にもあなたに対して何かをしなければいけない債務はありません。

第412条　履行期と履行遅滞

1項　債務をいつまでに終わらせるかをあらかじめ決めた場合には、債務のある人はこの期限を過ぎたときから、遅れたことの責任を負います。

第414条　履行の強制

1項　債務のある人が債務として行わなければいけないことをしてくれない場合、債権を持つ人は、強制的に債務を行わせることを、裁判所に求めることができます。

第415条　債務不履行による損害賠償

1項　債務のある人が債務を行ってくれない場合、債権を持つ人は、これによって受けた損害の埋め合わせを求めることができます。ただし、債務のある人にとってどうしようもない理由によって債務を行えなかった場合は除きます。

これを損害賠償というよ！

第417条　損害賠償の方法

損害賠償は、基本的にお金で支払うこととします。

お金で支払う損害賠償の例外として第723条があるよ！

第418条　過失相殺

債務を行ってもらえない場合や、それによって損害を受けたり、損害が大きくなったりした場合で、債権を持つ人にも原因があったときは、裁判所はこれを考えて、損害賠償の責任やその金額を決めます。

第466条　債権の譲渡性

1項　債権は、他の人に譲り渡すことができます。

第474条　第三者の弁済

1項　債務は、他の人が代わりに行うことができます。

第505条　相殺の要件等

1項　本人たちがお互いにお金を支払う債務を負っていた場合、それぞれの債務を比べてその債務をお互いに同じ金額までは減らすこともできます。

第519条　免除

債権を持つ人が、債務のある人に、債務を行わなくてもいいと伝えた場合は、その債権は消滅します。

ふだんの買い物も契約

売買契約

債務＝商品を渡す
債権＝代金をもらう

債務＝代金を支払う
債権＝商品をもらう

第555条 売買

契約を結ぼうとする本人たちの一方が、ある財産を相手に渡す
ことを約束し、相手がこれに対してお金を払うことを約束する
ことによって成立する契約を、売買契約といいます。

第521条 契約の締結及び内容の自由

1項　誰でも、法律に特別な決まりがある場合でなければ、契約をするかどうかを自由に決めることができます。

2項　契約をする本人たちは、法律に決められている制限の中であれば、契約の内容を自由に決めることができます。

第522条 契約の成立と方式

1項　契約は、契約したい本人たちの一方が約束する内容を示して、相手がその内容を受け入れたときに成立します。

2項　契約の成立には、法律で特別に決められている場合でなければ、紙やその他の方法で形を残す必要はありません。

第541条 履行遅滞等による解除権

契約を結んだ本人たちの一方が債務を行わない場合で、期間を決めて催促をしてもその期間内に債務を行ってもらえなかった場合は、その契約を解除することができます。

第549条 贈与

契約を結ぼうとする本人たちの一方が、ある財産を相手にタダで譲り渡すことを提案し、相手がそれを受け入れることで成立する契約を、贈与契約といいます。

第586条 交換

1項　お金以外の所有する物を取り替えることを、本人たちがお互いに約束することで成立する契約を、交換契約といいます。

第587条　消費貸借

種類・品質・数量が同じ物を返すことを約束して相手からお金や物を受け取る契約を、消費貸借契約といいます。

> 消費貸借は、お金の貸し借りや、ティッシュ、シャープペンシルの芯などの貸し借りのように、借りた物そのものを返すのではなく、「種類・品質・数量が同じ物」を返す契約だよ！

第591条　返還の時期

1項　消費貸借契約をしたときに、借りたものを返す時期を決めなかった場合は、貸した人はある程度の期間を定めて早く返すようにお願いをすることができます。

2項　借りた人は、借りた物をいつでも返すことができます。

> 1項は「○日後までに返してほしい」などとお願いする場合だよ。

第593条　使用貸借

契約を結ぼうとする本人たちの一方が、相手に対してある物を渡すことを約束し、相手がその受け取った物をタダで使い、契約が終わったら返すことを約束することで成立する契約を、使用貸借契約といいます。

第594条 借主による使用及び収益

1項　物を借りた人は、契約で決めたこと、または借りた物にふさわしい使い方を守って使わなければいけません。

2項　借りた人は、貸した人の許可なく、他の誰かに使わせてはいけません。

第597条 期間満了等による使用貸借の終了

1項　物を借りた人は、最初に返す時期を約束した場合は、約束した時期に借りた物を返さなければいけません。

2項　あらかじめ返す時期を決めていなかったけれども、なんのために使うかは決めていた場合は、使い終わったときに返さなければいけません。

契約自由の原則

　人と人との約束は、基本的には約束をしたいと考えている本人たちが自由にできるもので、国がその約束にいちいち口出しをしてはいけない、という原則があります。これは契約自由の原則といわれ、「契約をするかしないか」「誰と契約するか」「どういう契約をするか」「契約の方法（口約束か、紙に書くか等）」という4種類の自由があります。

　しかし、たとえばお医者さんは病気の人が来たら必ず診察しなければいけないので、「誰と契約するかを選ぶ自由」はありません。また、アルバイトの契約でも、あとからトラブルになるのを防ぐため、労働条件を紙に書いて約束することになっています。

　このように、公平な契約を結ぶために、例外として契約の自由が制限されることもあるのです。

第598条 使用貸借の解除

1項 物を借りた人がその物を使うのに十分な期間が経過したあとであれば、貸した人はいつでもその返却を求めることができます。

2項 返す時期やその物をなんのために使うかをあらかじめ決めなかった場合は、貸した人はいつでも返してもらうことができます。

3項 借りた人はいつでも借りた物を返すことができます。

第601条 賃貸借

契約を結ぼうとする本人たちの一方が、相手に対してある物を使わせることを約束し、相手がそれに対してお金を払うことと、契約が終わったときには借りた物を返すことを約束することで成立する契約を、賃貸借契約といいます。

第623条 雇用

契約を結ぼうとする本人たちの一方が働くことを約束し、相手がこれに対して報酬を支払うことを約束する契約を、雇用契約といいます。

実際には、雇う人と働く人の間には立場の差があることが多いので、労働基準法など、働く人を守るための法律がたくさんあるんだよ！

第632条 請負

契約を結ぼうとする本人たちの一方が、ある仕事を完成させることを約束し、相手がその仕事でできたものや達成したことに対して報酬を支払うことを約束する契約を、請負契約といいます。

建物の建設やソフトウェアの開発などが請負契約だよ！

第643条 委任

契約を結ぼうとする本人たちの一方が、相手に別の契約を代わりにやってもらうことをお願いし、相手がこれを引き受ける契約を、委任契約といいます。

第656条 準委任

委任契約に関係する決まりは、契約ではないことを代わりにやってもらう場合も同じように適用します。

委任契約と準委任契約

　第643条の委任契約と第656条の準委任契約の違いは、代わりにやってもらうことが契約かどうかによります。
　たとえば友達に「コンビニで雑誌を買ってきてほしい」とお願いするとします。これは友達に「売買契約を結ぶ」という契約を、代わりにやってもらうことになるので、委任契約になります。これが友達に「休み時間にやらないといけない教室の掃除を代わりにやってほしい」とお願いすると、掃除は契約ではないので準委任契約になるのです。

他人のものを壊したら弁償しないといけないよ

第709条 不法行為による損害賠償

わざと、または不注意によって、他人の権利や、法律によって守られる利益に害を与えた人は、これによって生じた損害に対してお金を支払わなければいけません。

第657条 寄託

契約を結ぼうとする本人たちの一方が、相手にある物を預けて保管することをお願いし、相手がそのお願いを引き受けることによって成立する契約を、寄託契約といいます。

第695条 和解

争いやけんかをしている本人たちが、お互いに譲り合い、納得して、争いやけんかをやめることを約束する契約を、和解契約といいます。

第703条 不当利得の返還義務

ちゃんとした理由がないのに、他人の財産や仕事によって利益を得て、それによって他人に損失を与えた人は、得た利益の範囲で、その利益を返さなければいけません。

第710条 財産以外の損害の賠償

他人の身体、自由、あるいは名誉に害を与えた場合、他人の財産に関する権利に害を与えた場合のどちらであっても、第709条の決まりによって損害を償う責任を負う人は、財産以外の損害に対してもお金を支払わなければいけません。

他人の悪口を言って心を傷つけたり、他人の噂話を流して信用を傷つけたりした場合でも、その損害を償わなければいけないよ！

赤ちゃんも弁償しないといけないの？

ビシッ

| 第712条 | 責任能力 |

未成年者は、他人に損害を与えた場合であっても、自分がしたことの責任を理解する能力がなかったときは、その損害を償う責任を負いません。

| 第714条 | 責任無能力者の監督義務者等の責任 |

1項　他人に損害を与えた人が、自分がしたことの責任を理解する能力がなく、損害を償う責任を負わない場合、その人が他人に損害を与えないように見張っていなければいけないと法律で決められている人が、代わりに損害を償う責任を負います。ただし、損害を防ぐための十分な対策をしていても、防ぐことができなかった場合は除きます。

第718条 動物の占有者等の責任

1項　動物の飼い主は、その動物が他人に与えた損害を償う責任を負います。ただし、十分な注意を払っていたのに、防ぐことができなかった場合は除きます。

第719条 共同不法行為者の責任

1項　数人が共同で他人に損害を与えた場合は、全員で損害を償わなければいけません。誰が損害を与えたのかわからないときも同じです。

2項　その行為をするように仕向けたり、助けたりした人も同じです。

第720条 正当防衛及び緊急避難

1項　自分や友達などの権利や利益に害を与えられそうになったとき、それを守るために仕方なく他人に害を与える行為をした人は、その損害を償う責任を負いません。

第723条 名誉毀損における原状回復

他人の名誉を傷つけて評判を落とすようなことをした人に対して、裁判所は、被害者の求めに応じて、傷つけられた名誉を回復するための対応を命令することができます。

民法での救済は、お金で支払う損害賠償が基本だけど（第417条）、たった1つの例外が、この名誉回復のための対応だ。謝罪広告や訂正広告がその代表的な方法だよ！

どこまでが家族なの？

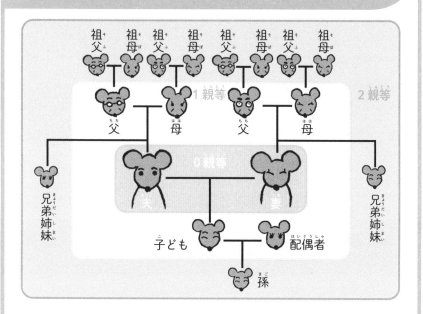

祖父　祖母　祖父　祖母　祖父　祖母　祖父　祖母

1親等　2親等

父　母　父　母

0親等

夫　妻

兄弟姉妹　子ども　配偶者　兄弟姉妹

孫

第725条　親族の範囲

次に挙げる人を、親族と呼びます。

1号　六親等内の血族（両親や兄弟などの、血のつながっている家族と親せき）

2号　配偶者（結婚相手）

3号　三親等内の姻族（結婚相手の家族など、血のつながっていない親せき）

この条件に当てはまる人が法律上の「家族」だよ。

第730条 親族間の扶け合い

直系血族や一緒に暮らしている親族は、お互いに助け合わなければいけません。

第731条 婚姻適齢

18歳にならなければ結婚することができません。

結婚すると、配偶者（結婚相手）が亡くなったときに遺産を相続できたり、国や都道府県などに納めるお金（税金）の負担を軽くできたり、いろいろな権利が認められる。だけど、同性カップルは今の法律では結婚することができない。これは人権侵害ではないかと批判があり、同性婚ができるように法律を改正するかどうかの議論が進められているよ。

第732条 重婚の禁止

すでに結婚している人が別の人とさらに結婚することはできません。

第734条 近親者間の婚姻の禁止

1項　自分と親子関係でつながっている人、三親等以内の血のつながりのある人とは、結婚することができません。

第747条 詐欺又は強迫による婚姻の取消し

1項　騙されたり脅されたりして結婚した人は、その結婚の取消しを家庭裁判所に求めることができます。

幸せな夫婦が理想だよね

| 第752条 | 同居、協力及び扶助の義務 |

夫婦は一緒に暮らし、お互いに協力し、助け合わなければいけません。

| 第760条 | 婚姻費用の分担 |

夫婦は、お互いの財産や収入などすべての事情を考えて、結婚生活にかかるお金を分担します。

第750条 夫婦の氏

夫婦は、結婚したときに、夫か妻のどちらかの苗字を名乗ります。

生まれた子はお父さん・お母さんと同じ苗字になるよ！

第763条 協議上の離婚

夫婦は、話し合いで、離婚をすることができます。

第766条 離婚後の子の監護に関する事項の定め等

1項　父母が話し合いで離婚をするときは、ふだんどちらが子どもの世話をするか、子どもとの面会や交流、子どもを育てるためのお金の分担、そのほか子どもを育てる上で必要なことは、話し合って決めておきます。この場合、子どもの利益を最も優先して考えなくてはいけません。

2項　話し合いがうまくいかないときは、家庭裁判所が代わりに決めます。

家庭裁判所ってどんなところ？

　家庭裁判所は、結婚や離婚の問題、離婚をした後の子どもの親権の問題（親権については144ページ）、子どもの非行や法律違反の問題など、家族の問題を扱う裁判所です。家族の問題は話し合いで解決するのが一番いいと考えられているので、裁判の前に調停という話し合いの場が設けられます。

親は子どもの成長に責任があるよ

第818条 親権者

1項　未成年の子どもは、父母の親権の下にあります。
3項　親権は、父母が結婚している間は、父母が共同して行います。ただし、父母のどちらかが親権を行うことができないときは、もう片方が行います。

第767条　離婚による復氏等

１項　結婚したときに苗字を変えた人は、離婚すると結婚前の苗字に戻ります。

２項　離婚した日から３か月以内に届けを出せば、離婚する前の苗字を使い続けることができます。

第770条　裁判上の離婚

夫または妻は、次の場合に限って、離婚を求めて裁判所に訴えることができます。

１号　結婚相手に不誠実な行い（不倫など）があったとき

２号　結婚相手が一緒に暮らしたり、助け合ったりしてくれなくなったとき

３号　結婚相手の生死が３年以上わからないとき

４号　結婚相手が重い精神病にかかり、治る見込みがないとき

５号　その他、結婚生活を続けることができない重大な理由があるとき

親権は権利？

　親権は、結婚している子どもの両親が二人で一緒に使う権利です。具体的には、子どもの財産を管理したり、子どもが契約をすることを許したり、子どもにしつけや教育をしたり、子どもが仕事をすることを許したりする権利などをまとめて親権と呼びます。親権は文字通り親の権利なのですが、これらは子どもの心と体を健やかに育てていくための親の義務としての側面もあるのです。

仕事をするときは
保護者から許可をもらおう

第823条 職業の許可

１項　子どもは、親権を行う人の許可をもらわなければ、仕事をすることができません。

第824条 財産の管理及び代表

親権を行う人は、子どもの財産を管理し、その財産に関係する契約を代わりに行います。ただし、その子が何かしなければならないような債務が生まれる場合には、本人の同意を得なければいけません。

第824条の決まりは、子どもがタレントやアイドルの仕事などをしているときにあてはまるよ！

第819条 離婚又は認知の場合の親権者

1項　父母が話し合いで離婚をするときは、その話し合いの中で、どちらが親権者になるかを決めなければいけません。

2項　裁判による離婚の場合は、どちらが親権者になるか、裁判所が決めます。

6項　子どもの利益のために必要と考えられるときは、子どもの親族が求めれば、家庭裁判所は、親権者を変更することができます。

子どもの両親が離婚した場合は、必ず親権者を父母のどちらか一方に決めなければいけないんだよ！

第820条 監護及び教育の権利義務

親権を行う人は、子どもの利益のために子どもの世話をし、教育する権利を持ち、義務を負います。

第821条 子の人格の尊重等

親権を行う人は、第820条の決まりによって監護・教育をするとき、子どもの人格を尊重し、その子の年齢や発達の程度に気を配らなければいけません。また、体罰のような、子どもの心や体の健全な発達に有害な影響を与える言葉づかいや行動をしてはいけません。

第822条 居所の指定

子どもは、親権を行う人が決めた場所に住まなければいけません。

助けてくれる大人は必ずいる！

おうちに誰もいなくて
何日も食べてないんです

大変だったね
もう大丈夫だよ!!

第834条 親権喪失の審判

父または母による虐待があるとき、必要な世話をしないとき、それ以外にも父または母が親権を行うことが難しかったりふさわしくなかったりして子どもの利益が大きく損なわれるときは、家庭裁判所は、子ども、親族、検察官、法律上の責任ある人たちなどが求めれば、父または母の親権を失わせることができます。ただし、2年以内にその原因がなくなる見込みがあるときは除きます。

第834条の2　親権停止の審判

1項　父または母が親権を行うことが難しかったりふさわしく
なかったりして子どもの利益が大きく損なわれるときは、家庭
裁判所は、子どもや親族、検察官、法律上の責任ある人たちなど
が求めれば、父または母の親権を一時的に止めることができます。

2項　家庭裁判所は、親権を一時的に止めるときは、その原因
がなくなるのはいつごろか、子どもの心や体の状態、生活の
状況など、すべての事情を考えて、親権を止める期間を２年
以内で決めます。

第836条　親権喪失、親権停止又は管理権喪失の審判の取消し

親権を失わせたり止めたりする理由がなくなったときは、
家庭裁判所は、本人または親族の求めによって、取り消すこ
とができます。

第877条　扶養義務者

1項　血のつながりがあり、直接の先祖・子孫にあたる家族と
兄弟姉妹は、お互いに養い合わなければいけません。

児童虐待やネグレクトから子どもを守るために、児童福祉法
などの法律があるんだ。104ページのコラム「子どもの相談
にのってくれるたくさんの大人たち」も読んでみてね！

周りの人から権利を侵害されたら？

人をぶったり、人に悪口を言ったりすると、刑法に定められた犯罪になり、罰則が科されることは、刑法に書いてあった通りです。しかし刑法に書かれていること以外であっても、人の嫌がることや、人に損害を与えるようなことをした場合、民法の決まりに基づいて裁判を起こされることがあるのです。

これを逆に考えれば、人から嫌なことをされたり、自分の権利を侵害されたりしたときは、裁判所に「これはおかしい！」と助けを求めることができるかもしれないということです。

「自分は嫌なことをされている。これはおかしい！」と思ったときは、なるべく多くの大人に相談をしてみることが、自分の状況を改善する第一歩です。「いじめで悩んでいるきみに」（215ページ）も読んでみてください。

第5章

民事訴訟法

民事訴訟法は民事裁判で争うためのルール
こじれたケンカを解決する最終手段だよ！

先にゴールした方が勝訴です！

民事訴訟法

　子ども同士でも「貸したゲームを返してもらえない」「約束を守ってもらえない」といったトラブルでケンカになることはあると思います。

　大人同士のケンカはもっと複雑です。話し合いで解決できればいいのですが、お互いに納得できない場合、最後の手段として裁判で争うことになります。

民事訴訟法は、民法などの決まりをもとにしてもめごとを解決するための、民事裁判の進め方を決めている法律です。

民事裁判は人と人のもめごとを解決するための裁判なので、罰金や逮捕といった言葉は出てきません。法律上は会社も「人」として扱うので、会社と会社の争いも民事裁判になります。

民事裁判では、お互いに証拠を出したり、証言をしたりして、自分の言い分を主張します。裁判所が最終的な判決を出せば、不満があっても必ず従わなければいけません。ですが、裁判の途中でお互いが納得できる結論が見つかれば、判決が出る前に裁判を終えることも自由です。

民事裁判は、争っている人同士が話し合うだけでは解決できないもめごとを、法律の力で解決するお手伝いをしましょう、という制度なのです。

民事訴訟法はもめごとを解決する裁判のルール

> **第1条** 趣旨
>
> 民事裁判に関係する手続きは、この法律で決めた内容に従います。

民事訴訟法は人同士のもめごとを解決する裁判だよ。
刑事訴訟法と比べてみよう！

民事訴訟法はもめごとを解決する裁判のルール

第1条 趣旨

民事裁判に関係する手続きは、この法律で決めた内容に従います。

民事訴訟法は人同士のもめごとを解決する裁判だよ。
刑事訴訟法と比べてみよう！

第2条　裁判所及び当事者の責務

裁判所は、民事裁判が公正かつすみやかに行われるようにし、事件に直接関係する本人たちはお互いに相手の信頼を裏切ることがないように民事裁判を行わなければいけません。

第4条　普通裁判籍による管轄

1項　訴えは、被告の住んでいる場所を担当している裁判所に起こすことができます。

民事裁判では、訴えられる人を被告と呼ぶよ。
64ページのコラムも読んでみてね！

第23条　裁判官の除斥

1項　裁判官は、次の場合には、その裁判に関する仕事を行うことはできません。
　　1号　裁判官、裁判官の結婚相手、以前に裁判官の結婚相手であった人が、事件に直接関係する本人であるとき。
　　2号　裁判官が事件に直接関係する本人の親族であるとき。

民事事件ってなに？

　「事件！」というと、殺人事件のような怖い犯罪をイメージしてしまいますが、実は人と人との言い争いが裁判所に持ち込まれた場合も、その争いを「事件」と呼びます。刑事裁判が、被疑者が本当に犯罪をしたのか、どういう刑罰を与えるべきかを考える裁判なのに対し、民事裁判は人と人の争いを解決するための裁判です。

第24条 裁判官の忌避

1項 裁判官が裁判を公正に行うことができない事情があるとき、事件に直接関係する本人は、その裁判官の交替を求めることができます。

第28条 原則

自分の判断だけで裁判を起こすことのできる資格、またはその資格がない人の代理人については、基本的に民法などの法律と同じように考えます。

第31条 未成年者及び成年被後見人の訴訟能力

未成年者などは、親権者などの法律で決められた代理人を通じてでなければ、自分だけでは裁判をすることができません。ただし、未成年者が一人で法律行為をすることができる場合は除きます。

法律行為

　法律行為とは、人が自分の意思で周囲の人との生活関係を作り出そうとしたときに、その効果が法的に守られる行為のことをいいます。代表的なものは民法の契約です。たとえば物の貸し借りをしたとき、借りた物を受け取る債権や返す債務、貸す物を渡す債務や返してもらう債権は法律で守られることになります。法律で守られると、物の貸し借りで本人たちがした約束を一方が守らない場合に、裁判所に訴えて強制的に守らせることができるのです。

第54条　訴訟代理人の資格

1項　自分の代理人として裁判を進めることを誰かに頼むときは、弁護士でない人に頼むことはできません。ただし、簡易裁判所では、裁判所の許可をもらって、弁護士ではない人に頼むことができます。

第61条　訴訟費用の負担の原則

裁判にかかった費用は、裁判に負けた方が負担します。

第64条　一部敗訴の場合の負担

訴えの一部だけが認められた場合、争った本人たちが裁判にかかった費用をそれぞれどの程度負担するかは、裁判所が決めます。

第82条　救助の付与

1項　裁判に必要なお金を支払うことができない人、またはその支払いによって生活ができなくなってしまう人に対しては、裁判所はお金の支払いを待ってあげる決定をすることができます。ただし、裁判に勝つ見込みが少しでもあるときに限ります。

いちばん大事なのは
お互いに納得すること

さいばんかん
裁判官

べんごし
弁護士

べんごし
弁護士

パチパチ

パチパチ

第89条 　和解の試み
　　　　　わ かい　こころ

1項　裁判所は、裁判がどこまで進んでいるかに関係なく、和
こう　　さいばんしょ　　　　　さいばん　　　　　　　　　　すす　　　　　　　　　　かんけい　　　　わ
解するよう提案することができます。
かい　　　　　　ていあん
2項　裁判所は、事件に直接関係する本人たちの意見を聞いて、
こう　　さいばんしょ　　　　じけん　ちょくせつかんけい　　　ほんにん　　　　いけん　き
裁判所と本人たちがそれぞれお互いの姿や声を認識することが
さいばんしょ　ほんにん　　　　　　　　　　　たが　　　すがた　こえ　にんしき
できる、Web会議などの方法で、和解の手続きをすることがで
　　　　　ウェブ かいぎ　　　　　ほうほう　　わかい　てつづ
きます。

第87条 口頭弁論の必要性
こうとうべんろん　ひつようせい

1項　事件に直接関係する本人は、裁判で争っていることについ
こう　じけん　ちょくせつかんけい　ほんにん　さいばん　あらそ
いて、裁判所で、声に出して主張しなければいけません。
さいばんしょ　こえ　だ　しゅちょう

第87条の2 映像と音声の送受信による
えいぞう　おんせい　そうじゅしん
通話の方法による口頭弁論等
つうわ　ほうほう　こうとうべんろんとう

1項　裁判所は、事件に直接関係する本人たちの意見を聞いて、
こう　さいばんしょ　じけん　ちょくせつかんけい　ほんにん　いけん　き
裁判所と本人たちがそれぞれお互いの姿や声を認識することが
さいばんしょ　ほんにん　たが　すがた　こえ　にんしき
できる、Web会議などの方法で、声に出して主張する手続き
ウェブかいぎ　ほうほう　こえ　だ　しゅちょう　てつづ
をすることができます。

第114条 既判力の範囲
きはんりょく　はんい

1項　勝訴または敗訴の結論を
こう　しょうそ　はいそ　けつろん
出した判決が確定した後は、そ
だ　はんけつ　かくてい　あと
の結論を変えるために再び争う
けつろん　か　ふたた　あらそ
ことはできません。

上訴だ！
なっとくいかない！！

第116条 判決の確定時期
はんけつ　かくていじき

1項　判決は、上訴ができる期間が終わるまでは確定しないも
こう　はんけつ　じょうそ　きかん　お　かくてい
のとします。
2項　1項で決められた上訴が行われた場合、判決は確定しません。
こう　こう　き　じょうそ　おこな　ばあい　はんけつ　かくてい

刑事事件の場合は判決が確定するのはいつだったかな？
けいじじけん　ばあい　はんけつ　かくてい
93ページのコラム「三審制ってなんだろう？」を読んでみてね！
さんしんせい　よ

第132条の10　電子情報処理組織による申立て等

1項　民事訴訟に関係する手続きで、裁判所に対して主張や説明をする（以下、申立て等）とき、そのために裁判所に提出する書類を、電子ファイルで提出することができます。

第133条　申立人の住所、氏名等の秘匿

1項　申立て等をする人や、その法定代理人の住所等は、それが事件に直接関係する本人に知られることによって、社会生活を送る上で深刻な問題を引き起こすおそれがあることが明らかな場合は、裁判所はそれらを秘密にすることができます。

第134条　訴え提起の方式

1項　訴えを起こすためには、訴状という書類を裁判所に提出しなければいけません。

2項　訴状には次のことを書かなければいけません。

　1号　事件に直接関係する本人と、親権者などの法律で決められた代理人

　2号　裁判を通じて何を決めることを裁判所に求めるのかと、その理由

第139条　口頭弁論期日の指定

裁判所への訴えがあったときは、裁判長は、事件に直接関係する本人たちが裁判所で主張をする日を決め、本人たちを呼び出さなければいけません。

第147条の2 訴訟手続の計画的進行

裁判所と事件に関係する本人たちは、きちんとした、すみやか
な裁判を実現するために、裁判の手続きを計画的に進めなけれ
ばいけません。

第148条 裁判長の訴訟指揮権

1項　事件に直接関係する本人たちが裁判所でお互いに言い分
を主張しあう手続きは、裁判長が進行をします。
2項　裁判長は、発言を許し、またはその命令に従わない人の
発言を禁止することができます。

第149条 釈明権等

1項　裁判長は、裁判で争われている内容をはっきりとさせる
ために、事実や法律に関係することについて、事件に直接関係
する本人たちに質問をし、または証拠を提出するように働きか
けることができます。
2項　裁判長以外の裁判官も1項の質問などをすることが
できます。
3項　事件に直接関係する本人は、裁判長から相手に対して
必要な質問をするように、裁判長に求めることができます。

重大な事件や複雑な事件の裁判では、複数の裁判官が一緒に
裁判をするよ。

裁判では
ルールを守って闘うよ

第156条	攻撃防御方法の提出時期

裁判における主張や証拠の提出などは、裁判の進み具合に応じて
ふさわしい時期にしなければいけません。

裁判ではお互いが順番に主張を話したり、証拠を出したり
するよ。その主張と反論のことを攻撃と防御って呼ぶんだ。
そういう意味ではカードゲームに似ているかもね。

第159条　自白の擬制

1項　事件に直接関係する本人が相手の主張した事実が本当かどうかを明らかにしない場合は、その事実が本当だと認めたものと考えます。

第161条　準備書面

1項　事件に直接関係する本人たちが裁判所で主張や証拠の提出などをするときは、紙に書いて準備をしなければいけません。
2項　準備する紙には次のことを書きます。
　1号　裁判における主張
　2号　相手が求める内容と相手の主張に対する反論

第179条　証明することを要しない事実

裁判所で事件に直接関係する本人が、相手の話した自分にとって不利な事実を認めた場合や、明らかな事実は、証明する必要はありません。

第180条　証拠の申出

1項　裁判所に証拠の取り調べを求めるときは、その証拠によってどのような事実を証明しようとしているのかも示さなければいけません。

第207条　当事者本人の尋問

1項　裁判所は、事件に直接関係する本人の求めによって、または裁判所の権限によって、事件に直接関係する本人から話を聞くことができます。この場合、その本人に宣誓をさせることができます。

2項　証人と事件に直接関係する本人の両方から話を聞くときは、まず証人の話から聞きます。ただし、本人から先に聞いた方がよいと思われるときは、本人の意見を聞いた上で、まず本人の話から聞くことができます。

第208条　不出頭等の効果

事件に直接関係する本人から話を聞く場合、その本人が、きちんとした理由がないのに呼び出しに応じず、または宣誓することや話をすることを拒否したときは、裁判所は、話を聞こうとしていたことについて、相手の主張を真実として認めることができます。

第209条　虚偽の陳述に対する過料

1項　事件に直接関係する本人が、宣誓をしたのに裁判で嘘をついたときは、裁判所は10万円以下の過料を命じます。

第243条 終局判決

1項　裁判所は、事件の結論が出せるほど議論が十分に行われたときは、最終的な結論（判決）をだします。

第246条 判決事項

裁判所は、事件に直接関係する本人が求めていないことについて、判決することはできません。

第247条 自由心証主義

裁判所は、判決をする上で、本人たちが声に出して主張したすべての内容と、証拠を調べたありとあらゆる結果をふまえ、そこから違和感なく自然に導けることを真実と認めます。

裁判における「真実」とは

　「真実はいつも１つ」という有名なセリフがありますが、ただ１つの真実にたどり着くのはとても大変です。とくに人と人が自分の言い分を伝えあって争う裁判では、見ている事実は１つでも、それぞれ違う見え方をしていることがたくさんあります。そのため裁判では、お互いの言い分を聞いて何が真実かを判断していくことになります。結果的に認められる「真実」が本当に「いつも１つ」なのかは残念ながら誰にもわかりません。しかし、より説得力のある言い分を選ぶ作業を慎重に繰り返していくことで、裁判は真実に近づいていこうと努力し続けるのです。

目に見えない心の傷も
償ってもらうことができる

第248条 損害額の認定

誰かが損害を受けたと考えられる場合で、その損害の大きさが金額でどのくらいなのかを証拠を提出して証明することが難しいときは、裁判所は、事件に直接関係する本人たちが声に出して主張したすべての内容と、証拠を調べた結果から、損害の金額を認めることができます。

第249条 直接主義
<small>ちょくせつしゅぎ</small>

1項　判決は、事件に直接関係する本人たちが声に出して主張をするときに立ち会った裁判官がします。

第250条 判決の発効
<small>はんけつ　はっこう</small>

判決は、言渡しによって効果のあるものになります。

第252条 電子判決書
<small>でん　し　はんけつしょ</small>

1項　裁判所は、判決の言渡しをするときは、次のことを書いたデータ（以下「電子判決書」）を作らなければいけません。

　1号　裁判の結論

　2号　事実

　3号　判決の理由

　4号　事件に関係する本人たちが声に出して主張する手続きが終わった日

　5号　誰が事件に関係する本人、または親権者などの法律で決められた代理人なのか

　6号　判決を出した裁判所

2項　事実を書くときは、裁判で何を決めることが求められたのかを明らかにし、かつ処分の内容がふさわしいことを説明する上で必要な主張を書かなければいけません。

第253条 言渡しの方式

1項　判決の言渡しは、第252条1項の決まりによって作られた電子判決書にもとづいて行います。

第261条 訴えの取下げ

1項　訴えは、判決が確定するまでであれば、その全部または一部を取り下げることができます。

第262条 訴えの取下げの効果

1項　裁判の途中で訴えが取り下げられた部分は、最初から裁判が行われていなかったものと考えます。

「言渡し」ってなに？

　「判決」は裁判の結論を書いた文章のことをいいますが、これが効果のあるものになるためには「判決の言渡し」がされなければいけません。「言渡し」とは、裁判所で判決の内容を、裁判官が読み上げることです。

第6章

日本国憲法

憲法はすべての法律の生みの親
国のしくみと理想が書いてあるよ！

　憲法は、ほかの法律とはまったく違います。

　なぜなら、憲法はすべての法律の生みの親だからです。

　日本のすべての法律は、憲法で決められた手続きにしたがって作られ、憲法に反する法律を作ることはできません。憲法は、法律を作る国会、法律を使う裁判所や行政（内閣）など、国民の代表者を縛るものなのです。

　では、憲法にはなにが書かれているのでしょうか。

　まず、日本の政治は国民が主役であるという原則です。これを国民主権といいます。日本をどういう国にするのかを国民自身が決めるためのしくみが書いてあるのです。

　そして、日本は二度と戦争をしないことを約束しています。また、日本の主役であるわたしたち国民が国から守られる権利について書いてあります。

　憲法で決められている国のやるべきことや国民の権利を実現するために、法律にはさまざまな考え方（主義・原則・権利）が決められています。ここまでの章でもいくつか触れてきましたが、たとえば「黙秘権（88ページ）」や「令状主義（76ページ）」という考え方もその1つで、憲法の中にも書かれています。

　また、「幸福追求権」という、他の法律には書かれていないけれど、憲法に書かれている権利もあります。「幸福追求権」の意味は、「社会全体の利益に反しない範囲であれば、幸せになるために新しい権利を主張してもよい」ということです。国は時代の流れや国民の求めに応じて新しい権利を認めていくかどうかを積極的に考えていかないといけない、つまり「憲法に書いてある権利だけが権利ではない」ということも憲法では決められているのです。

憲法は
他の法律とはちがう「法」

憲法は、国民のために
国家の権力をみはってくれているよ。

　日本国民は、正当な選挙によって選ばれた代表者を通じて話し合いを行いました。その結果、私たちと私たちの子孫のために、いろいろな国の人たちと協力することによって得られた成果と、自由を保障することでもたらされる恵みを国全体に行きわたらせ、政治によって再び恐ろしい戦争が起きることのないようにすることを決意しました。ここに自分たちの国のことを決める権利が国民にあることを宣言し、その実現のために、この憲法を決めます。

　そもそも国の政治というものは、国民から信頼されて任された仕事です。ですから、国が決定することや行うことの正しさは、国民が認めることで成り立ちます。その権力を使うのは国民の代表者ですが、それによって得られた利益や幸福は国民が受けるものです。これは人類が生まれ持っている当然の権利です。私たちは、これに反する一切の憲法や法令をはじめとするルールや命令を受け容れません。

　日本国民は、平和を愛する世界の国の人びとを信頼して、私たちの安全と生存を維持しようと決意しました。国際社会は平和を維持し、人びとの権利を侵害したり制限したりしようとするあらゆる行為や出来事を地上からなくそうと努力しています。私たちはその中で、誇りを持てるような重要な役割を果たしたいと思います。私たちは、全世界の誰もが恐怖と貧しさを感じることなく、平和のうちに生きていく権利を持っていることを改めて確認します。

　どの国家も、自分の国のことばかりを考えて他の国を無視することがあってはいけないと、私たちは考えます。みんなが幸せになる政治を心がけることは、自分の国のことを自分たちで決める権利を守り、他の国と対等な関係に立とうとするそれぞれの国が、責任を持って取り組まなければならない義務であると信じます。

　日本国民は、国家の名誉にかけ、全力をあげて、この難しいけれども大切な理想と目的を達成することを誓います。

天皇は日本の象徴

にほん
日本の
しょうちょう
象徴って？

第1条　天皇の地位・国民主権

天皇は日本国の象徴であり、これは主権者である日本国民すべ
ての同意に基づいています。

> 天皇は国民のために、憲法で決められたお仕事をされているよ！
> 国のことを最終的に決める権利(主権)は国民一人ひとりがもっ
> ているんだ！

第3条　天皇の国事行為に対する内閣の助言と承認

天皇が国に関する仕事をするときは、内閣の助言と承認を必要
とし、内閣がその責任を負います。

■ 第4条 天皇の権能の限界、天皇の国事行為の委任

1項　天皇は、この憲法に定める国に関する仕事のみ行い、国の政治に関係する権利は持ちません。

■ 第6条 天皇の任命権

1項　天皇は、国会が指名した人を、内閣総理大臣に任命します。
2項　天皇は、内閣が指名した人を、最高裁判所の長官に任命します。

■ 第7条 天皇の国事行為

天皇は、内閣の助言と承認により、国民のために、以下の国に関する仕事を行います。

　1号　憲法の改正、新しい法律、政令の制定、条約の締結について国民に知らせること。
　2号　国会議員を国会に呼び集めること。
　3号　衆議院を解散すること。
　4号　国会議員の総選挙を行うことを発表すること。

■ 第9条 戦争の放棄、戦力及び交戦権の否認

1項　日本国民は、常に世界が平和であることを求め、戦争や武力を使った威嚇、あるいは武力の行使は、国と国の間のもめごとを解決する手段としては永久に放棄します。
2項　1項の目的を達成するために、軍隊やその他の戦力は保持しません。国の交戦権も認めません。

みんな幸せになる権利がある

第13条 個人の尊重・幸福追求権・公共の福祉

すべての国民は、一人ひとりがかけがえのない個人として尊重されます。生命、自由、そして自分の幸福を追い求める権利は、社会全体の利益に反しないかぎり、最大限に尊重されます。

第10条 国民の要件
こくみん ようけん

日本国民の条件は、法律で定めます。
に ほんこくみん じょうけん ほうりつ さだ

第11条 基本的人権の享有
き ほんてきじんけん きょうゆう

現在、そして将来の国民は、人間として基本的なすべての権利
げんざい しょうらい こくみん にんげん き ほんてき けん り
を、侵すことのできない永久の権利として保障されます。
おか えいきゅう けん り ほ しょう

第12条 自由・権利の保持の責任とその濫用の禁止
じ ゆう けん り ほ じ せきにん らんよう きん し

この憲法が国民に保障する自由や権利は、国民が決して失うこ
けんぽう こくみん ほ しょう じ ゆう けん り こくみん けっ うしな
とがないように常に努力して維持しなければいけません。また、
つね ど りょく い じ
国民は、これらの自由や権利によって他人の権利をむやみに侵
こくみん じ ゆう けん り た にん けん り おか
してはいけないのであって、常に自分だけでなく、社会全体の
つね じ ぶん しゃかいぜんたい
利益のために自由や権利を利用する責任があります。
り えき じ ゆう けん り り よう せきにん

第14条 法の下の平等、貴族の禁止、栄典
ほう もと びょうどう き ぞく きん し えいてん

1項 すべての国民は法の下に平等であり、いかなる理由に
こう こくみん ほう もと びょうどう り ゆう
よっても差別されません。
さ べつ

第15条 公務員選定罷免権、公務員の本質、
こう む いんせんてい ひ めんけん こう む いん ほんしつ
普通選挙の保障、秘密投票の保障
ふ つうせんきょ ほ しょう ひ みつとうひょう ほ しょう

1項 公務員を選んだり、やめさせたりすることは、国民だけに
こう こう む いん えら こくみん
許された権利です。
ゆる けん り
2項 すべての公務員は、すべての国民のために働きます。
こう こう む いん こくみん はたら
3項 公務員を選挙で選ぶときは、成年の国民が投票できます。
こう こう む いん せんきょ えら せいねん こくみん とうひょう
4項 投票の秘密は、すべての選挙で守られます。
こう とうひょう ひ みつ せんきょ まも

みんなと違（ちが）っていてもいい

第19条　思想及び良心の自由（しそうおよ　りょうしん　じゆう）

思想と良心の自由を侵してはいけません。（しそう　りょうしん　じゆう　おか）

心の中では何を思ってもいいし、こう思いなさいっていう命令もできないよ！（こころ　なか　なに　おも　おも　めいれい）

第17条　国及び公共団体の賠償責任

すべての人は、公務員の不法行為によって損害を受けたときは、法律に基づいて賠償を求めることができます。

第18条　奴隷的拘束及び苦役からの自由

すべての人は、奴隷のように行動を制限されたり、自分が望まない苦しい労働をやらされたりすることはありません。

第20条　信教の自由

1項　すべての人は、どのような宗教を信じても、あるいはどの宗教を信じなくてもかまいません。
2項　すべての人は、宗教的な行事への参加を強制されません。
3項　国は、宗教教育や、宗教的な活動をしてはいけません。

第21条　集会・結社・表現の自由、通信の秘密

1項　みんなで集まったり、グループを作ったり、本を出版したりといった、すべての表現の自由を保障します。

第22条　居住・移転及び職業選択の自由、外国移住及び国籍離脱の自由

1項　すべての人は、社会全体の利益に反しないかぎり、どこに引っ越しても、どのような仕事に就いてもかまいません。

第23条　学問の自由

学問の自由を保障します。

自分のものは、自分のもの

第29条　財産権

1項　財産の権利は、侵してはいけません。

3項　個人の財産は、その価値に見合った十分な補償があれば、国や地方自治体などがみんなのために使うことができます。

第24条　家族生活における個人の尊厳と両性の平等

1項　結婚は、本人たちの合意だけで成立し、夫婦は同じだけの権利を持つことを基本として、お互いに協力して暮らしていかなければいけません。

第25条　生存権、国の社会的使命

1項　すべての国民は、健康で文化的な最低限度の生活を送る権利を持ちます。
2項　国は、生活のすべての面で、これを保障するための制度を整備し、より良くしなければいけません。

第26条　教育を受ける権利、教育の義務

1項　すべての国民は、法律が決めるとおり、能力に応じて平等に教育を受ける権利を持ちます。
2項　すべての国民は、法律が決めるとおり、自分の子どもに教育を受けさせる義務があります。義務教育は、タダにします。

第27条　勤労の権利及び義務、勤労条件の基準、児童酷使の禁止

1項　すべての国民は、仕事をする権利を持ち、義務を負います。
2項　給料、労働時間、休憩などの労働条件については法律で定めます。
3項　児童は、むりやり働かせてはいけません。

第30条　納税の義務

国民は、法律が決めるとおり、税金を納める義務を負います。

悪いことした人は、みんなでいじめていいの？

第31条　法定の手続の保障

すべての人は、法律に決められている手続きによらなければ、生命や自由を奪われたり、その他の刑罰を科せられたりしません。

仕返しはしちゃダメ！
お仕置きは、国しかできないよ。

第32条 裁判を受ける権利

すべての人は、裁判所で裁判を受ける権利があります。

第33条 逮捕の要件

すべての人は、現行犯の場合を除き、裁判所が明確な理由を示した令状がなければ、逮捕されません。

第34条 抑留・拘禁の要件、不法拘禁に対する保障

すべての人は、理由をすぐに伝えられ、すぐに弁護人を依頼する権利を与えられなければ、警察などの国の権力によって拘束されません。また、誰でも、正当な理由がなければ、長い期間、国の権力によって拘束されることはなく、要求があれば、その理由は、すぐに本人と弁護人の出席する公開の法廷で説明されなければいけません。

第36条 拷問及び残虐刑の禁止

公務員による拷問や残虐な刑罰は、絶対に禁止します。

第38条 自己に不利益な供述、自白の証拠能力

1項　すべての人は、自分に不利なことを話さなくていい権利を持ちます。

2項　むりやり言わされたり、きちんとした理由なく長い期間閉じ込められたりした後の自白は、証拠として使うことができません。

3項　すべての人は、自分に不利な証拠が自白だけの場合は無罪となります。

第41条 国会の地位・立法権

国会は、国家権力の最高機関で、ただ1つの立法機関です。

第42条 両院制

国会は、衆議院と参議院の両議院で構成されます。

第43条 両議院の組織・代表

1項　両議院は、選挙で選ばれた議員が全国民を代表して組織します。

第45条 衆議院議員の任期

衆議院議員の任期は4年とします。ただし、衆議院が解散された場合は、その期間が終わる前に任期が終了します。

第46条 参議院議員の任期

参議院議員の任期は6年とし、3年ごとに選挙をして、半分ずつの議員を入れ替えます。

第48条 両議院議員兼職の禁止

衆議院と参議院の議員に、同時になることはできません。

第51条 議員の発言・表決の免責

両議院の議員は、議院の中で行った発言や意思表示について、議院の外で責任を問われません。

第52条 常会

国会の常会は、毎年1回行われます。

第56条 定足数、表決

1項　両議院は、すべての議員の3分の1以上の出席がなければ、会議を開き議決を行うことはできません。
2項　議決を行うときは、憲法に特別な決まりがある場合を除いては、出席議員の半分以上の賛成によって決めます。賛否の数が同じときは、議長が決めます。

第59条 法律案の議決、衆議院の優越

1項　法律案は、基本的に両議院が賛成の決定をしたときに法律になります。
2項　衆議院が賛成し、参議院が反対した場合は、衆議院で出席議員の3分の2以上で再び賛成の決定がされたときに法律になります。

第60条 衆議院の予算先議、予算議決に関する衆議院の優越

1項　予算は、先に衆議院に提出しなければいけません。

第65条 行政権

行政権は、内閣にあります。

行政権については190ページのコラム「三権分立ってなんだろう？」を読んでみよう！

第66条 内閣の組織、国会に対する連帯責任

1項　内閣は、法律の決まりに従って、内閣総理大臣とその他の国務大臣で組織します。

2項　現役の自衛官は、内閣総理大臣やその他の国務大臣になることができません。

3項　内閣は、行政権を使うことに対して、国会と一緒に責任を負います。

第67条 内閣総理大臣の指名、衆議院の優越

1項　内閣総理大臣は、国会議員の中から国会の議決で指名されます。

第68条 国務大臣の任命及び罷免

1項　内閣総理大臣は、国務大臣を任命します。ただし、その半分以上は国会議員の中から選ばなければいけません。

第69条 内閣不信任決議の効果

内閣は、衆議院で不信任の決議案が可決されたり、信任案が否決されたりした場合、10日以内に衆議院が解散されなければ、総辞職しなければいけません。

第76条 司法権・裁判所、特別裁判所の禁止、裁判官の独立

1項　すべての司法権は、最高裁判所と、法律に従って置かれた下級裁判所にあります。
3項　すべての裁判官は、自分の良心に従い、他からの指示や命令を受けず、この憲法と法律だけに基づいて、裁判をします。

第78条 裁判官の身分の保障

裁判官は、裁判によって、心身の病気のために仕事をすることができないと判断された場合でない限り、基本的に仕事を辞めさせられません。裁判官が悪いことをしたときの処分は、行政機関が行うことはできません。

第81条 法令審査権と最高裁判所

最高裁判所は、すべての法律、命令、規則、処分が憲法に違反しないかを最終的に判断する権限を持つ裁判所です。

第82条 裁判の公開

1項　裁判の進行と判決は、公開で行います。

人権は、
私たちのバトンリレー

人権は人びとが何百年もかけて努力の末にわたしたちに渡してくれたバトンなんだ。わたしたちも未来の人たちにバトンを渡せるように努力しないとね！

第96条 改正の手続、その公布

1項　この憲法の改正は、各議院のすべての議員の3分の2以上の賛成で、国会が国民に提案し、国民からの承認をもらわなければいけません。この承認には、国民投票で過半数の賛成が必要です。

第97条 基本的人権の本質

この憲法が日本国民に保障する基本的人権は、人類が長年にわたって獲得しようと努力してきた成果です。この権利は現在、そして将来の国民に対して、侵すことのできない永久の権利として受け継がれていくものです。

第98条 最高法規、条約及び国際法規の遵守

1項　この憲法は、国の最高法規であり、憲法に違反する法律、命令などはすべて無効となります。

第99条 憲法尊重擁護の義務

天皇や大臣、国会議員、裁判官その他の公務員は、この憲法を尊重し、守る義務があります。

三権分立ってなんだろう？

　国を治める権限を、かつては国王や皇帝と呼ばれるほんの一部の人たちが独占していました。民主主義という考え方が生まれてからは、この権限はルールを作る権利（立法権）、国民のために法律のしくみを使う権利（行政権）、裁判をする権利（司法権）の3つに分けられました。そして、これらの権利を別々の機関がもつことで、権力が暴走しないようにしたのです。これを三権分立といいます。

第7章

こども基本法

すべてのこどもが幸せに暮らせる社会を こどもと一緒につくるよ

　すべての子どもや若者が幸せに生活できる社会を作ることは、大人にとっても大切なことです。しかし、さまざまな問題や困難を抱える子どもは多く、子どもを産み育てる大人もまた大変な状況に置かれています。その結果として日本では、少子化が進んでしまっているのです。こういった問題の解決を目指す基本的な考え方を決めたのが、「こども基本法」です。

　この法律で大切にしているのは、積極的に子どもの意見を取り入れることです。そのためには「子どもの声を聞く」だけではなく、「意見を言いやすくなるようにサポートする」ことも大切です。子どもには、自分の意見を伝える「意見表明権」という権利が保障されています。一方で、子どもの意見を聞くことで、大人だけで議論していてもわからない課題や解決策が見えてくることもあり、子どもの意見は大人にとっても必要なものなのです。

　さらに、どんな環境に生まれた子どもでも幸せになれるように、家庭に対する支援も今まで以上に重要だと考えられるようになりました。出産や子育ては家庭に求められる責任が大きかったのですが、これからは子どもがいる大人もいない大人も、国や地方自治体も会社も一緒になってこの問題に取り組むことが、こども基本法では求められます。こうした支援を子どもや若者の成長に合わせて行うことで、すべての子どもや若者が幸せに生活できる社会を実現しようとしているのです。

　この法律は、2022 年にできたばかり。この法律にしたがって、今後どのような取り組みが行われていくのか注目し、チャンスがあれば意見を伝えてみてください。

第1条　総則（目的）

この法律は、日本国憲法と子どもの権利条約の考え方にしたがって、これからの社会を担うすべてのこどもが、自立したひとりの人間として等しく健やかに成長し、心や体の状況や置かれている環境などとは関係なく権利を守られ、幸せな生活を送ることができる社会を実現しようとするものです。そのような社会の実現に向けて、社会全体としてこども施策に取り組むことができるように、こども施策の基本的な考え方（基本理念）を定め、国の責任と義務を明らかにし、こども施策の基本となることがらを決めるとともに、こども政策推進会議を設置するなど、こども施策をさまざまな側面から進めていくことが、この法律の目的です。

未成年、少年、こどもの違い

「子ども」という言葉が指す対象は、その言葉を使う人や場面によってさまざまです。どの言葉にもいろいろな意味があるので、それを放置したまま法律を作ると、人によって法律の理解もバラバラになってしまいます。そこで法律をつくるときは、「この法律では、この言葉はこういう意味で使います」と最初に決めています。これを「定義」と呼びます。

法律上、「未成年」は18歳未満の人（民法第4条）、「少年」は20歳未満の人（少年法第2条1項）、「こども」は心や体が発達途中にある人（こども基本法第2条1項）と、似た言葉ですが、それぞれ定義によって区別されているのです。

※この本では、一般的な「子ども」と法律上の「こども」を使い分けています。

第2条 定義

1項　この法律で「こども」とは、心や体が発達途中にある人のことをいいます。

2項　この法律で「こども施策」とは、次に挙げるようなこどもに関係する取り組みや、それらと一緒に行うべきその他の取り組みをいいます。

　1号　赤ちゃんからおとなになるまでの、心や体が発達していくさまざまな段階を通じて途切れることなく行われる、こどもの健やかな成長のための支援

　2号　こどもを育てることに喜びを感じられる社会を実現するために、就職・結婚・妊娠・出産・育児などの各段階に合わせて行われる支援

　3号　家庭や家庭以外の、こどもを育てる環境の整備

いろいろな家族のかたちが増えていく中で、昔は家庭で責任を持ってサポートすることが求められていた妊娠や出産なども、社会全体でサポートしていくことになったんだ！

こども一人ひとりに ぴったりな支援を目指すよ

第3条 基本理念

こども施策は、次に挙げることを基本理念として行わなければいけません。

1号　すべてのこどもがひとりの人間として尊重され、その基本的人権が守られるとともに、差別を受けることがないようにすること。

2号　すべてのこどもがきちんと世話され、育てられ、生活を守られること。愛され、保護されること。健やかに成長し、自立できるようにサポートされること。その他の福祉に関する権利が平等に守られるとともに、教育基本法の考え方にしたがい、教育を受ける機会が平等に与えられること。

3号　すべてのこどもが、年齢や発達の程度に応じて、自分に直接関係のあるすべてのことがらについて意見を言う機会と、社会の中でのさまざまな活動に参加する機会が守られること。

4号　すべてのこどもが、年齢や発達の程度に応じて、意見を尊重され、「本人の人生にとって最もよいことは何か」を第一に考えてもらえること。

5号　こどもを世話し、育てる基本的な場所は家庭であり、まずは両親などの保護者が責任を果たさなければいけないことをふまえて、保護者に十分な支援を行うこと。そして、家庭がその責任を果たせない場合には、できる限り家庭に近い環境を整えることで、こどもが心も体も健やかに成長できるようにすること。

6号　家庭や子育てに夢を持ち、こどもを育てることに喜びを感じられる社会を実現すること。

子どもが何を求めているかは、直接子どもに聞いてほしいよね。「意見を言う権利（意見表明権）」は「子どもの権利条約」でも強調されている権利だよ。

こどものサポートを考えるのが おとなの義務

第4条 国の責務

国には、第3条の基本理念にしたがって、こども施策をさまざまな側面から考え、決定し、実施する責任と義務があります。

第5条　地方公共団体の責務

都道府県や市区町村などの地方公共団体は、基本理念にしたがって、国や他の地方公共団体と協力しながら、その地域にいるこどもの状況に合わせたこども施策を考え、決定し、実施する責任と義務があります。

第6条　事業主の努力

事業をしている人や団体は、基本理念にしたがって、雇っている労働者の、仕事と家庭それぞれの生活が充実するように、環境を整える努力をしなければいけません。

第7条　国民の努力

国民は、基本理念にしたがって、こども施策に興味を持ち、理解を深め、国や地方公共団体が実施するこども施策に協力するよう努力しなければいけません。

子どもがいるかどうか、子どもと関わる仕事をしているかどうかに関係なく、大人も会社もこども施策の実現に協力するよう努力しないといけないんだ！

第8条　年次報告

1項　政府は、毎年、国会に、日本のこどもをめぐる状況や、政府が行ったこども施策の実施状況について報告し、公表しなければいけません。

こどもの貧困

ひとり親
家庭

こども・若者支援

こども大綱

支援が１つになって こどもの幸せを実現するよ

まとまると何がいい？

　「大綱」とは、何かをしようとしたときの目標や方針を決めたものです。以前は子どものために別々の組織がさまざまな大綱をつくって子どもの問題を解決する取り組みをしていましたが、バラバラに行うより１つにまとめた方がいいと考えられるようになりました。そこで「こども家庭庁」という組織を新しく作り、大綱も１つにまとめることで、もっと早く、もっと強力に子どもの問題解決を進めていくことになったのです。

7

こども基本法

第9条 こども施策に関する大綱

1項　政府は、こども施策をさまざまな側面から進めるために、こども施策の方針として「こども大綱」を決めなければいけません。

2項　こども大綱には、次のことを決めます。

　1号　こども施策に関する基本的な方針
　2号　こども施策に関する重要なことがら
　3号　1号2号のほか、こども施策を推し進めるために必要なことがら

4項　こども大綱では、原則として、こども施策の具体的な目標とその達成期間を決めるものとします。

第10条 都道府県こども計画等

1項　都道府県は、こども大綱をふまえて、その都道府県でこども施策をどのように進めていくかの計画（都道府県こども計画）を立てる努力をしなければいけません。

2項　市町村は、こども大綱と都道府県こども計画をふまえて、その市町村でこども施策をどのように進めていくかの計画（市町村こども計画）を立てる努力をしなければいけません。

3項　都道府県または市町村は、都道府県こども計画や市町村こども計画を立てたり変更したりしたときは、なるべく早く公表しなければいけません。

こども施策には
こどもの意見が欠かせない

こどもの意見を活かす流れ

テーマについて勉強する

意見を伝える

政策に反映してもらう

結果を知る

第11条 こども施策に対するこども等の意見の反映

国や地方公共団体は、こども施策を決定したり、実施したり、評価したりするとき、それぞれのこども施策の対象となるこどもや、こどもを世話したり育てたりする人など、こども施策に関係のある人たちの意見を反映させるために、必要な取り組みをするものとします。

第12条 こども施策に係る支援の総合的かつ一体的な提供のための体制の整備等

国は、こども施策として行われる支援が、支援を必要とする理由や、支援を行う関係機関、支援の対象となる人の年齢や住んでいるところなどに関係なく、途切れることなく行われるようにしなければいけません。そのために、国は、一つひとつの支援が、さまざまな側面から、支援をする機関などによってバラバラにならずに、他の支援と一緒になって実施される仕組みを整え、その他にも必要な取り組みをするものとします。

第13条 関係者相互の有機的な連携の確保等

1項　国は、こども施策がきちんとスムーズに行われるように、医療・保健・福祉・教育・療育などの業務を行っているさまざまな関係機関がお互いに協力できるシステムをつくる努力をしなければいけません。
2項　都道府県と市町村は、こども施策がきちんとスムーズに行われるように、1項で挙げた業務を行っているさまざまな関係機関と、それぞれの地域でこどもに関する支援をしている民間の団体とがお互いに協力できるシステムをつくる努力をしなければいけません。

第15条 この法律及び児童の権利に関する条約の趣旨及び内容についての周知

国は、この法律と子どもの権利条約の目的や内容を国民に広く知ってもらい、理解を得られるように努力しなければいけません。

第16条 こども施策の充実及び財政上の措置等

政府は、こども大綱に決められた内容をふまえて、こども施策をより充実させるとともに、それを実施するために必要なお金の確保などに取り組むよう努力しなければいけません。

第17条 設置及び所掌事務等

1項　こども家庭庁には、こども政策推進会議を置きます。

2項　こども政策推進会議は、次に挙げる仕事をします。

　1号　こども大綱の案を作ること。

　2号　1号のほか、こども施策に関する重大なことがらについて調査、検討すること。また、こども施策の実施を進めること。

　3号　こども施策の実施を進める上で、関係するさまざまな機関とやりとりし、それぞれが協力できるように調整すること。

3項　こども政策推進会議は、2項の決まりにしたがってこども大綱の案を作るときは、こどもや、こどもを世話したり育てたりする人、こどもに関する研究をしていて経験も豊かな人、それぞれの地域でこどもに関する支援をしている民間団体など、こども施策に関係する人たちの意見を反映させるために、必要な取り組みをするものとします。

第8章

いじめ防止対策推進法

大人にはいじめから子どもを救い いじめをなくす義務がある！

すべての子どもはかけがえのない大切な存在です。この法律には、誰一人としていじめで苦しい思いをすることがあってはいけないこと、いじめは絶対に許されないこと、そして大人たちにはいじめを受けている子どもを必ず救い出し、いじめを防止する責任があることが書いてあります。

いじめで最も苦しい思いをするのはいじめられている

本人ですが、いじめている子どもや、いじめを見ている子どもの心にも大きな傷を残します。すべての子どもに悪い影響を与えるいじめは子どもだけの問題ではなく、いじめがあることに気づかない、または解決できない大人たちの問題でもあるのです。

　この法律には、学校の先生がチームを作り、教育委員会、警察など、あらゆる大人がいじめから子どもを守るために努力しなければならないことが書かれています。いじめが起きにくい、いじめを許さないクラスや学校を作るために何をしなければいけないか、いじめが起きたらどう救い出すかといったことも具体的に決められています。大人には、子どもたちが安心して学校に通えるように、協力していじめをなくす義務があるからです。

　いじめられているとき、いじめを見たときは、すぐに大人に相談しましょう。そして、この法律のとおりに対応してくれているか、チェックしてみてください。もし、大人がこの法律を守っていなければ、別の大人にも相談してみましょう。本気で助けてくれる人が見つかるまで、あきらめないことが大切です。

　勇気を出して、いろんな大人に相談してみてください！

第1条 目的

この法律は、いじめが被害者の教育を受ける権利を奪い、心や体の健全な成長に大きな影響を与えるだけでなく、被害者の命や体に重大な危険を引き起こすおそれがあることをふまえて、子どもたちがかけがえのない個人として尊重される権利を守るために必要な方法、仕組みや、大人の責任を決めて、いじめの防止・早期発見・対処のための対策を進めていくことを目的とします。

第2条 定義

1項　この法律で「いじめ」とは、子どもに対して、同じ学校に通っているなどの人間関係を持っている他の子どもたちが行う、心や体などに影響を与える行動（インターネットを使ったものも含みます）のうち、対象となった子どもが心や体に苦しさや痛みを感じているものをいいます。

法律ではどこからが「いじめ」？

　法律では、「被害者が嫌だと思ったらいじめ」になります。たとえ、加害者が「いじめではなく悪ふざけです」と言ったり、先生が「いじめではなく遊びではないか」と思っても、です。これは、被害者の子どもの苦しみや痛みに寄り添い、先生たちが絶対にいじめを見逃さないようにするためです。ですから、嫌な思いをしているときは、正直に先生などの大人に伝えることがとても大切です。また、この法律では、殴る、蹴るなどの暴力だけではなく、たとえば授業中に友達に手を挙げて発言するようにうながすことなど、一見日常的なやり取りでもいじめの可能性を疑うことを大人に求めています。

第3条　基本理念

1項　いじめの対策は、いじめがすべての子どもに関係する問題であることをふまえて、子どもが安心して勉強やその他の活動などに取り組むことができるように、学校の中でも外でもいじめがなくなることを目標として行われなければいけません。

2項　いじめの対策は、すべての子どもがいじめを行わず、また他の子どもに対して行われているいじめを、見て見ぬふりをしないようにするため、いじめが子どもの心や体に与える影響などについて子どもが理解を深めることを目標として行われなければいけません。

3項　いじめの対策は、いじめを受けた子どもの命や心、体を守ることがとくに大事だということを理解しながら、国や学校や家庭など、大人たちが力を合わせて、いじめの問題を乗り越えることを目指して行われなければいけません。

第4条　いじめの禁止

子どもたちは、いじめをしてはいけません。

先生からのいじめはどうしたらいいの？

たいへん残念なことですが、学校では先生によるいじめが起きることもあります。先生からのいじめはもちろん法律違反です。先生からいじめられていると感じたとき、それが続くときは、215ページ「いじめで悩んでいるきみに」を参考に、保護者や教育委員会、弁護士など、学校の外の大人たちに相談してみましょう。

大人たちみんなで
いじめを防ぐ！

ぎょうせい
行政

がっこう
学校

ちち父

はは母

せんせい
先生

第8条　学校及び学校の教職員の責務

学校と先生たちは、第3条の基本理念のもと、その学校に通っている子どもたちの保護者、地域の人たち、児童相談所やその他の関係者と協力しながら、学校全体でいじめの防止と早めの発見に取り組む責任と義務があります。また、その学校に通っている子どもたちがいじめを受けていると思われるときは、きちんとした方法で、すみやかに対応する責任と義務があります。

第9条　保護者の責務等

1項　保護者は、子どもの教育について最も重要な責任があり、自分の子どもがいじめをすることがないように、決まりを守る心を育てるなど、必要な指導をするように努力しなければいけません。

2項　保護者は、自分の子どもがいじめを受けた場合には、子どもをいじめから守らなければいけません。

第13条　学校いじめ防止基本方針

学校は、国または地方のいじめ防止基本方針を参考にしながら、それぞれの学校の状況に合わせて、いじめの防止・早期発見・対処のための対策について基本的な計画を決めます。

> 学校いじめ防止基本方針には、いじめが起きにくい、いじめを許さないクラスや学校を作るためのいじめ防止プログラムと、いじめを少しでも早く発見して救い出すために先生や学校いじめ対策チームが守るルール（早期発見・対処マニュアル）を決めなければいけないんだよ！

第19条　インターネットを通じて行われるいじめに対する対策の推進

3項　インターネットを使っていじめが行われた場合、いじめを受けた子どもまたは保護者は、いじめに関係する情報の削除を求め、また、誰がその情報を発信したのかを調べようとするときは、必要であれば最寄りの法務局や地方法務局という機関に協力を求めることができます。

先生たちはチームで
いじめに対応するよ

学校いじめ対策チーム

いじめ発覚！

必ず助け出しましょう！

先生方、みんなで協力しましょう！

第22条　学校におけるいじめの防止等の対策のための組織

学校は、いじめの防止・早期発見・起きてしまったいじめの対処をきちんと行うために、複数の先生たちや、専門家たちを集めたチームを作らなければいけません。

いじめは担任の先生だけで抱え込まず、学校の複数の先生がチームとなって救い出さないといけないんだよ。
また、チームの活動で普段からいじめが起きない学校を作らないといけないんだ！

第23条　いじめに対する措置

1項　学校の先生など子どもから相談を受ける人や子どもの保護者は、子どもからいじめについての相談を受けて、実際にいじめが起きていると思うときは、その子どもが通っている学校に知らせるなど、きちんと対応をしなければいけません。

3項　学校は、いじめがあったことが確認された場合には、いじめをやめさせ、二度といじめが起きないようにするために、学校の先生たちが協力して、また専門家に協力してもらいながら、いじめを受けた子どもとその保護者に対するサポートを行い、またいじめをした子どもへの指導とその保護者に対するアドバイスを続けて行っていくこととします。

4項　学校は、3項の場合に必要があるときは、いじめをした子どもを、いじめを受けた子どもが使う教室以外の場所で勉強させるなど、いじめを受けた子どもやその他の子どもたちが安心して教育を受けられるために必要な対応をします。

6項　学校は、いじめ行為が犯罪として扱われるべきだと考えられるときは、近所の警察と協力して対応しなければいけません。また、その学校に通っている子どもの命や体、または財産に大きな被害があると心配されるときはすぐに警察に通報して、助けを求めなければいけません。

> いじめの問題は学校いじめ対策チームの先生だけじゃなく、法律や心理の専門家、警察官やお医者さんなど、すべての大人が協力して解決しなきゃいけないんだよ！

第28条 学校の設置者又はその設置する学校による対処

1項　教育委員会や学校などは、次の重大事態が発生した場合には、その解決に取り組み、同じようなことが起きないようにするために、すみやかに専門家などによる組織を作り、アンケートなどの方法によって何が起きたのかを調べることにします。

　1号　いじめによってその学校に通っている子どもの命、心や体、財産に重大な被害があった疑いがあるとき。

　2号　いじめによってその学校に通っている子どもがある程度の期間（30日以上）学校を休まなければいけない状態になっている疑いがあるとき。

2項　学校は、1項の調査を行ったときは、いじめを受けた子どもと保護者に対して、その重大事態で何が起きたのかなどの必要な情報をきちんと伝えるものとします。

第34条 学校評価における留意事項

いじめの防止・早期発見・対処のための対策について学校の評価を行うときは、いじめが起きていることが隠されず、またいじめの実際の様子を理解していじめに対するきちんとした対応が行われるように、いじめの早い段階での発見や、いじめが二度と起きないようにするための取り組みなどについて、正しく評価が行われるようにしなければいけません。

いじめで悩んでいるきみに

　いじめはどんな理由があろうとやってはいけないことです。また、いじめられても仕方のない理由などありません。きみがつらい思いをするようなことをされているなら、それはもちろんいじめです。「もしかしたら自分にも原因があるのでは」と考えるかもしれませんが、きみはけっして悪くありません。もし、きみがいじめにあっているなら、一人で悩まずに、信頼できる大人に相談してみてください。

　きみの気持ちをよく聞いてくれる大人が、きみの力になってくれる人です。その人は両親や先生などの身近な人かもしれませんし、警察官や弁護士などの今までは知らなかった人かもしれません。もし、そういう人がいなければ、ここで紹介しているような相談窓口も利用してみてください。

　大人に相談するときは、最初に思い出したことから話してみてください。相談を受けた大人は、きみの思いを真剣に聞かなければいけませんし、できることを一緒に考えなければいけません。きみがしてもらいたいこと以上のことを、勝手にしてもいけません。不安があったら、なんでも相談してみてください。

　どうしてもつらいと思ったときは、無理をせず、逃げることもできます。逃げることはけっして恥ずかしいことではありません。学校を休んでもいいのです。ぜひ覚えておいてください。

壊されたもの、汚されたものを保管しておこう

いじめで壊されてしまったものや汚されてしまったものなどがあれば、そのまま保管しておきましょう。保管するときは、それがいつ、どこで、誰に、どんなふうに壊されたのかをメモしておくといいでしょう。

ケガをしたとき、体調が悪いときは病院に行こう

学校で暴力をふるわれてケガをしたときはもちろんですが、友達とのことがきっかけで夜眠れなかったり、食欲がなかったり、体調が優れなかったりするときは積極的に病院に行ってみましょう。友達のことで心がダメージを受けている場合、体に症状が現れることもあります。お医者さんは体調の悩みを聞いているうちにいじめが原因であることがわかるかもしれません。

友達とのやり取りを保管しておこう

メールやチャットアプリなどで友達とのやり取りは残っていますか。残っていれば、相談するときに持っていきましょう。つらいと思ったときにスクリーンショットで残しておくと、あとで役に立つこともあります。「嫌だな」と思った言葉を具体的に伝えられるように、いつ、誰に言われたのか、自分はどう感じたのかをメモしておくのもいいでしょう。

日記をつけてみよう

いじめがずっと続いているのであれば、日記をつけておくことも大切です。書くだけで気持ちが落ち着くこともあります。日記には、いつ、どこで、誰に、何をされて、自分はどう思ったのか、具体的に書いておくと、後から思い出すときの助けになります。

注意すること

このような方法で証拠を集めることは、いじめを思い出してしまい、つらい気持ちをすることになるので、無理をする必要はありません。証拠はあくまでも周囲の大人にいじめから救い出してもらうための手段の1つで、本当は大人が考えなければいけないことなのです。もし、友達とのメールやチャットのやり取り、録音した音声などがたまたま手元にあった場合は、相談にのってくれる大人に見てもらいましょう。ただ、それをインターネットに流すなど、誰にでも見られる状態にすることはやめておきましょう。逆にいじめの加害者になってしまうこともあります。

いじめから逃れることを諦めないで

　いじめで苦しんでいることをわかってもらえれば、多くの大人は共感し、きみを助けるために動いてくれるはずです。しかし、残念ながら世の中には、見て見ぬふりをする大人や、子どもの助け方を知らない大人もいます。中には、身近な大人が加害者になっているケースもあるでしょう。そういった場合には、専門的な知識や経験を持っている大人に助けを求める必要があります。

　たとえば、下で紹介している国の機関などが設置している相談窓口に相談するという方法があります。物を盗まれたり壊されたり、けがをさせられたりしたときは、警察に相談することもできます。弁護士も相談窓口を開いていて相談にのってくれます。

　両親や先生以外の大人に相談するのはちょっと勇気がいるかもしれません。でも、助けてくれる大人は必ずいるはずです。自分を守るために逃げていい、ということも忘れないでください。

「文部科学省HP　子どものSOSの相談窓口」

「都道府県警察の少年相談窓口」

いじめから逃れる
ことを諦めないで！

「弁護士会の子どもの人権に関する相談窓口一覧」

「24時間子供SOSダイヤル」（文部科学省）

0120-0-78310（なやみいおう）

「子どもの人権110番」（法務省）
0120-007-110（受付時間：平日午前8時30分～午後5時15分）

「児童相談所全国共通ダイヤル」（厚生労働省）

189（いちはやく）

　このページはいじめ以外にも学校でのトラブルに悩んだときのヒントです。ぜひ保護者の人と一緒に読んでください。
（ここで紹介した情報は2024年1月現在のものです。）

大人向けのあとがき

　「法律はみんなのためのルールなのに、みんなにわかるように書かれていない」──そんな問題意識から、『こども六法』の制作は始まりました。念頭にあったのは筆者自身のいじめの被害経験でした。「小学生当時の自分に法律の知識があれば、自分で自分の身を守れたかもしれない」、そんな後悔に突き動かされて少しずつ形になっていった本です。

　昨今はいじめ問題のほかにも児童虐待、性的搾取といった理不尽な危険に子どもたちは晒されています。そして恐ろしいことに、いじめ問題も含め、そういった問題を深刻化させるのはしばしば大人たちの「見て見ぬふり」なのです。

　一方でこういった問題は、外部から観察された際に問題状況の認識が難しいという別の課題もあります。「いじめ」と「いじり」を見分けるのが難しいとか、普段の様子からは児童虐待を受けているなんて思えなかったとか、対策はもちろん、問題の発見も簡単ではありません。

　『こども六法』は、こういった課題の解決を目指した本です。「わたしは今、苦しい思いをしています」というSOSが子どもの側から発信されることを目指し、またそのSOSに根拠を持たせることで、SOSを受けた大人が積極的に問題解決に動けるようにする、それでも最初に相談された大人が問題を解決してくれなかった場合は他の大人にも助けを求められるようにすることが、本書の目的です。

　もちろん、本書が子どもを取り巻く社会問題のすべてを解決できるわけではありません。しかし、どうすれば苦しんでいる子どもに気付き、救出することができるかを常に考えていくことは、わたしたち大人に求められた義務であると思いますし、筆者はそういう姿勢であり続けたいと考えています。なぜなら、大人は経験・地位・腕力を駆使して子どもの問題から逃げることができますが、当事者である子どもは逃げることができないからです。

　この本が一人でも多くの子どもを悩みから救うきっかけとなり、同時に本書に触れていただいたすべての大人が、より多くの子どもを救うために何をできるのかを考えてくだされば、子どもを取り巻く社会問題は、解決に向けて大きく前進すると信じています。

山崎聡一郎

監修者紹介

第 1 章　刑法
佐藤　拓磨（さとう たくま）　　慶應義塾大学法学部教授

第 2 章　刑事訴訟法
山根　薫（やまね かおる）　　公証人、元東京高等検察庁検事

第 3 章　少年法
野村　武司（のむら たけし）　　東京経済大学現代法学部教授、弁護士

第 4 章　民法
前田　美千代（まえだ みちよ）　　慶應義塾大学法学部教授

第 5 章　民事訴訟法
福本　知行（ふくもと ともゆき）　　金沢大学法学類教授

第 6 章　日本国憲法
新保　史生（しんぽ ふみお）　　慶應義塾大学総合政策学部教授
横大道　聡（よこだいどう さとし）　　慶應義塾大学法学部教授

第 7 章　こども基本法
山田　太郎（やまだ たろう）　　参議院議員、Children First のこども行政の
　　　　　　　　　　　　　　　　　　あり方勉強会共同事務局

第 8 章　いじめ防止対策推進法
小西　洋之（こにし ひろゆき）　　参議院議員、本法立法者

総合監修（初版）
長島・大野・常松法律事務所

弁護士　杉本 文秀（すぎもと ふみひで）　　弁護士　人見　愛（ひとみ あい）
弁護士　三原 秀哲（みはら ひでたか）　　弁護士　大島 日向（おおしま ひなた）
弁護士　森口　聡（もりぐち さとし）　　弁護士　太田 健斗（おおた けんと）
弁護士　鈴木 明美（すずき あけみ）　　弁護士　菊池　滉（きくち ひかる）

※所属は 2019 年 8 月時点

最終的な用語の選定および訳文の決定は、著者の責任において行っています。

総合監修（第2版）

日本学生法教育連合会（USLE）元正会員

弁護士	服部 幸太郎（はっとり こうたろう）	弁護士法人・響
弁護士	荻野 亮介（おぎの りょうすけ）	法律事務所フロンティア・ロー
弁護士	佐藤 浩樹（さとう ひろき）	杜若経営法律事務所
弁護士	立野 貴大（たての たかひろ）	シティユーワ法律事務所
弁護士	藤井 裕也（ふじい ゆうや）	石嵜・山中総合法律事務所

※所属は2024年3月時点

スペシャルサンクス

本書はクラウドファンディング

「いじめという《犯罪》を『こども六法』で無くしたい」

にご賛同いただいた334名の方から1,796,000円の資金をいただき、出版を実現しました。

ご協力くださいましたみなさまに心より御礼申し上げます。

ご支援いただいた方々

瀧 俊雄　　園田 紘章　小田垣 栄司　安川 要平　藤村 雅昭　Kaya Yumi
佐藤 智明　逸見 浩久　加藤 和彦　　内田 志乃　辻 奈緒美　玄 唯真
濱地 美知　戸上 蛍　　飯島 紗代子　与儀 大輔　川口 昌人　とも塾＠京都山科
浅川 淑子　司馬 清輝（順不同、敬称略）

ほか、全334名の支援者のみなさま、本当にありがとうございました！

本書制作の経緯

「こども六法」の原型は山崎聡一郎が慶應義塾大学在学中の2014年に受給した教育奨励基金「学習・教育奨励金」を活用して制作した法教育副教材です。これを目にしたLUCK株式会社の小川凜一がその活動への共感と社会のニーズを強く感じたことから、出版の実現と広告の作成を提案し、今回のプロジェクトをスタートさせました。クラウドファンディングに際して作成した広告動画は、小川の企画・指揮のもと、永尾優実（撮影）・演劇ギルドわむ!!（出演）の協力により制作しました。

謝辞

『こども六法』を一緒に作ってくださった方々へ

　『こども六法』は「法律を誰でも読める文章に直す」という、あまりに単純な発想の本であるにも関わらず、今まで誰も制作しませんでした。「誰も作らない」モノがあるとき、それが作られない理由は２つ考えられます。１つは制作があまりにも困難、または不可能であること。もう１つは誰も必要としていないことです。『こども六法』は従来、この２つが当てはまっていた本だと思います。

　しかし、『こども六法』は誰よりもいじめの被害に遭っていた当時の私が必要としていた本でした。当時の自分に届けるために、たとえ必要としている人が当時の自分しかいなくても、たとえ従来は不可能とされてきた１冊だったとしても、必ず完成させてみせる。その決意に応えてくれた慶應義塾大学の仲間たち５人の力を借りて、2014年に『こども六法』は初めて形になりました。そこから５年の時を経て『こども六法』は少しずつ大きなムーブメントとなり、こうして形を変えて皆様の手元に渡ることになりました。

　この本は「必要」を情報拡散や金銭的支援を通じて形にしてくださった方々と、「不可能」を乗り越えるために惜しみない助力を頂いた方々の想いと知恵の結晶です。

　編集の外山千尋さんをはじめとする弘文堂の皆様には『こども六法』出版をいち早く決めて頂いただけでなく、出版に向けて惜しみないご協力を賜りました。弘文堂との縁を繋いでくれた大学同期のたかまつななには頭が上がりません。『こども六法』をムーブメントにしてくれた小川凜一くんは就職活動でたまたま同じ教育系企業を受けていただけの腐れ縁ですが、当時の縁を大切にして声をかけてくれました。『こども六法』全体のレイアウト・デザインを担当してくれた砂田智香さんも小川くんの紹介なくしては繋がり得なかった縁です。そして砂田さんは妥協なく繰り返される修正に粘り強く付き合ってくれただけで

なく、ご自身も妥協のない美学を貫いてくれました。砂田さんと密に連絡を取り、沢山のイラストを仕上げて頂いた伊藤ハムスターさんにも厚く御礼申し上げます。伊藤さんのイラストを拝見するたびに『こども六法』が確かな形になっていく感動がこみ上げたものです。

　監修を担当して頂いた佐藤拓磨先生、山根薫先生、野村武司先生、前田美千代先生、福本知行先生、新保史生先生、小西洋之先生、総合監修を引き受けて下さった長島・大野・常松法律事務所の皆様には、法律の専門家が一人もいない編集チームに対して、的確かつ丁寧なコメントを繰り返しお送りいただきました。『こども六法』という「不可能」に、「子どもたちのために」立ち向かう決断をしてくださった先生方に、この場をお借りして改めて深い敬意と感謝の気持ちを申し上げたいと思います。

　また、本文の作成に際しては法教育に取り組む日本学生法教育連合会（USLE）の皆様、今井秀智先生、小原英理子さん、加藤悠斗さん、下地謙史さんからご意見を賜りました。そして『こども六法』を子どものための本にするにあたって、10歳から15歳のお子様からご意見を頂く機会を、東京都行政書士会広報部の皆様の協力で実現することができました。ありがとうございました。

　最後に、『こども六法』をムーブメントにしてくださったCAMPFIRE様、ご支援を賜りました334名のお一人お一人、ムーブメントの拡大と広報についてご意見・ご協力を頂きました令和メディア研究所主宰・元TBSキャスターの下村健一先生、NPO法人ジェントルハートプロジェクト理事の小森美登里さんに厚く御礼申し上げます。

2019年7月　山崎聡一郎

制作チーム紹介

小川 凜一（おがわ りんいち）

子どもの時に自身もいじめを受けていた経験から、著者の想いに共感し、アイデアを書籍として形にするため、キャッチコピーやイラストを用いて、法律を子どもたちにわかりやすく伝える現在の『こども六法』の形を企画・設計した。

現在 LUCK 株式会社にて、子どもたちの教育に関わる書籍や教材、動画、授業開発などを公的機関や学校、企業からの依頼で制作している。

著書に『キラリモンスター　ちょっと変わった偉人伝』（大和書房）がある。

LUCK 株式会社
https://www.luck-inc.com/

小川凜一 note
https://note.com/linichi

砂田 智香（すなだ ちか）

本書のデザイン・イラスト原案・広報を行う。

難解な法律が子どもたちにとって身近なものになるよう、動物を用いたイラストのアイデアや児童書としての設計やデザインを行った。

現在 LUCK 株式会社の代表として、児童書や教材などの制作、東京都港区区長室や奈良県庁などの行政広報の支援を行っている。

伊藤ハムスター（いとうはむすたー）

本書のイラストを担当。イラストレーター。

多摩美術大学油絵科卒業。デザイン会社勤務を経て、フリーのイラストレーターとして活動中。くすりと笑えるイラストをモットーに制作している。

絵本『ぼくのへや』ほか、イラスト作品多数。

著者紹介

山崎 聡一郎（やまさき　そういちろう）

教育研究者、ミュージカル俳優、写真家。
合同会社Art & Arts社長。
埼玉県立熊谷高等学校、慶應義塾大学総合政策学部、
一橋大学大学院社会学研究科修了、東京大学大学院学際
情報学府在学中。修士（社会学）。

小学校高学年時、同級生からのいじめにより左手首を骨折。いじめから逃れるために
私立中学に進学後、はからずもいじめ加害者となり、いじめ被害の苦痛を知る自身が
加害者となることはないと慢心していたことから衝撃を受ける。この経験からいじめ
問題の複雑さと難しさを痛感し、いじめ問題への取り組みを決意。大学入学後は「法
教育を通じたいじめ問題解決」をテーマに研究活動を開始。在学中にオックスフォー
ド大学リンカーンカレッジに短期留学し、政治教育への演劇的手法の導入方法を学ぶ。
慶應義塾大学からの研究奨励金により、本書の基礎となった法教育副教材「こども六
法」を製作した。
現在は全国の小中学校・図書館でいじめ防止授業、講演会、教員研修を担当するほか、
法教育を取り入れた学習塾「こども六法スクール」を運営し、いじめ問題解決の研究
と実践に取り組む。法と教育学会正会員、NHK「いじめをノックアウト」番組委員、
（公財）東京都人権啓発センター「人権問題体験学習会」講師。2024年度からは小学
6年生道徳教科書（東京書籍、日本文教出版）に寄稿・掲載。『こども六法の使い方』（弘
文堂）、『こども六法すごろく』（幻冬舎）他、著書多数。
劇団四季「ノートルダムの鐘」に出演するなど、ミュージカル俳優・プロデューサー
としても活躍し、第2回国際声楽コンクール東京ミュージカル部門全国本選1位・
東京新聞賞受賞。板橋区演奏家協会理事。

合同会社 Art & Arts
https://www.artandarts.jp/company

こども六法　第2版

2019（令和元）年 8 月 30 日　初　版 1 刷発行
2023（令和 5 ）年 10 月 15 日　同　　 32 刷発行
2024（令和 6 ）年 3 月 15 日　第 2 版 1 刷発行
2024（令和 6 ）年 8 月 30 日　同　　 3 刷発行

著　者　山崎聡一郎

発行者　鯉渕　友南

発行所　株式 弘文堂　　101-0062　東京都千代田区神田駿河台1の7
会社　　　　　　　　　　TEL 03(3294)4801　　振替 00120-6-53909
　　　　　　　　　　　　https://www.koubundou.co.jp

装幀・デザイン　　砂田智香
イラスト　　　伊藤ハムスター
印　　刷　　　三報社印刷
製　　本　　　牧製本印刷

ISBN 978-4-335-35990-3